Kira Klenke
Das Sedona-Stein-Orakel

Kira Klenke

Das Sedona-Stein-Orakel

Die Lösung ist nur einen Steinwurf entfernt

NEUE ERDE

Bücher haben feste Preise.
2. Auflage 2020

Kira Klenke
Das Sedona-Stein-Orakel

Titelseite:
Fotografie: Jamalrani/iStock.com (Sedona-Berge),
Fred Hageneder (Edelsteine)
Gestaltung: Dragon Design

Satz und Gestaltung:
Dragon Design
Gesetzt aus der Janson Text

Alle Fotos von der Autorin,
außer S. 11: Wendy/Wikimedia Commons

Gesamtherstellung:
Appel & Klinger, Schneckenlohe
Printed in Germany

ISBN 978-3-89060-784-9

Neue Erde GmbH
Cecilienstr. 29 · 66111 Saarbrücken
Deutschland · Planet Erde
www.neue-erde.de

FSC www.fsc.org
MIX
Papier aus verantwortungsvollen Quellen
FSC® C100257

Inhalt

7 Vorweg

9 Wie dieses Buch entstanden ist
10 Ein Brief an dich aus Arizona

16 Worum geht es in diesem Buch?
16 Die indianische Definition von »Medizin«
17 Was bringt dir die SOURCE-Methode?
18 Antworten aus der Quelle: Die Klärungs- und Transformationskraft einer SOURCE
20 Für wen ist die SOURCE-Methode geeignet?
20 Mögliche Themen für eine SOURCE

22 Verlässliche Hilfe in allen Lebenslagen
22 Die SOURCE-Methode in Kürze: Eine Zusammenfassung
26 SOURCE live erleben: Eine Beispiel-Session

34 Die SOURCE-Methode von der Pike auf erlernen
34 Die SOURCE-Steine
38 Ablauf einer SOURCE Schritt für Schritt
38 1. Einstimmung
40 2. Thema festlegen
41 3. Wer oder was beeinflusst das Thema?
42 4. Zuordnung der Player zu den Steinen
46 5. Werfen der Ausgangs-Konstellation
47 6. Die geworfene Stein-Konstellation interpretieren
48 7. Der Weg zur Ziel-Konstellation
53 8. Das SOURCE-Ergebnis als Zielsatz formulieren
54 9. Abschluss
55 10. Transformations-Arbeit mit den Fotos

58 Weitere Beispiele aus der Praxis
58 Source-Beispiel 2
71 Source-Beispiel 3

76 SOURCE für Fortgeschrittene
76 Tips und Tricks: Aus Erfahrung anderer lernen
79 Troubleshooting: Was tun, wenn's mal hakt?
80 Erfahrungsberichte und Rückmeldungen
82 SOURCE ist visuelle Alchemie
88 Alternative Einstimmungs-Möglichkeiten für eine SOURCE
92 Modifikationen und Erweiterungen der SOURCE-Methode

96 Nachwort

Anhang
98 *Liste der beteiligten Player: Kopiervorlage 1*
99 *Liste der beteiligten Player (mit doppelter Nummernspalte): Kopiervorlage 2*
100 *Anregungen für Player*
105 *Über die Autorin*

Vorweg

Dieses Buch wurde in der Du-Form verfasst. Das ist dem Thema und der Entstehungsgeschichte des Buches angemessen. Die hier veröffentlichten Informationen und Anweisungen wurden mit Sorgfalt und nach bestem Wissen und Gewissen zusammengestellt. Die SOURCE-Methode hat schon vielen Menschen weitergeholfen. Eine Garantie oder Haftung dafür kann jedoch weder die Autorin noch der Verlag übernehmen. Solltest du an einer körperlichen oder psychischen Krankheit leiden, wende bitte die SOURCE-Methode nur in Verbindung mit professioneller medizinischer oder therapeutischer Hilfe an. Bitte übernimm selber die Verantwortung für dein Handeln und Wohlergehen, denn das ist auch Thema dieses Buches.

Abb. 1: Im Bild rechts liegt der Bellrock (auf dt.: Glockenfelsen)

Wie dieses Buch entstanden ist

Seit Jahrtausenden gibt es bei den Indianern Nordamerikas eine Tradition: Wenn sie die Lösung für ein Problem oder Rat für eine dringend anstehende Entscheidung suchen, gehen sie mit ihrer Frage im Herzen hinaus in die freie Natur. Dorthin, wo die Verbindung zum »Great Spirit« (auf dt.: Großer Geist), wie sie die Quelle allen Seins nennen, greifbar nah ist. Sie gehen dort innerlich in die Stille und fahren ihre intuitiven Antennen aus. Aus Hinweisen der Natur, wie Wolken- oder Fels-Formationen, Tierbegegnungen oder anderen ihnen spontan ins Auge springenden Zeichen, lesen sie die Lösung, die Antwort auf ihr Herzensanliegen.

Die in diesem Buch vorgestellte Methode funktioniert ähnlich. Jedoch kannst du sie ganz bequem bei dir zu Hause durchführen.

Die hier erstmalig vorgestellte Stein-Orakel- und Aufstellungsmethode SOURCE ist vor Jahren während eines Urlaubs im Indianerland Arizona zu mir gekommen. Das geschah in Sedona, einem der wohl stärksten Kraftorte dieses Planeten. Dort hat sich die SOURCE-Methode ganz von alleine, von sich aus bei mir gemeldet. Ich saß während dessen auf dem sogenannten Bellrock (auf dt.: Glockenfelsen), einem energetisch ungewöhnlich stark ausstrahlenden Felsen-Areal, habe dort meditiert und in mein Tagebuch geschrieben. Dort sind die Texte für dieses Buch entstanden.

Ein Brief an dich aus Arizona

Diesen Brief habe ich vor Jahren in Sedona an dich geschrieben. Ja, du liest richtig: Dieser Brief ist tatsächlich für dich, der oder die du jetzt gerade dieses Buch in Händen hältst:

Sedona, im Juli 2009

Lieber Freund, liebe Freundin,
ich hoffe, es ist in Ordnung, wenn ich (obwohl wir uns nicht persönlich kennen) die vertraute Du-Form wähle. Ich schreibe diesen Brief an Dich hier aus meinem Urlaub in Sedona in Arizona. Und ja, ich habe Dich, genau *Dich*, der oder die Du jetzt gerade dieses Buch liest, dabei vor Augen.

Ich möchte Dir erzählen, was ich hier in der mystischen Heimat der nordamerikanischen Indianer in den letzten Wochen erlebt habe. An einem Ort, der mit seiner mystischen Atmosphäre, mit seiner ungeheuren energetischen Kraft und auch mit seiner urtümlichen Schönheit alles übertrifft, was ich vorher je an Kraftorten gesehen habe. Und ich habe in den letzten zwanzig Jahren schon viele Kraftorte besucht.

Die Landschaft, wie man sie hier heute vorfindet, besteht so seit Millionen von Jahren. Nagele mich bitte nicht fest auf konkrete Details, geologisch bin ich nicht sehr bewandert. In der Nähe (nach amerikanischen Maßstäben: Es sind zwei Stunden Autofahrt.) liegt der Grand Canyon. Dieser wird aufgrund seiner einmaligen Schönheit jedes Jahr von Hunderttausenden von Touristen aufgesucht. Menschen aus aller Welt bestaunen hier – und wenn es nur für einen kurzen Bus-Stop lang ist – die atemberaubende Schönheit, lassen sich von der großartigen Präsenz und Erhabenheit der Natur ergreifen. Auch spirituelle Sucher aus aller Welt wählen vielfach ganz bewusst den Grand Canyon für eine Visionssuche. Sie erhoffen sich, hier durch die Kommunikation mit der Natur Hinweise auf ihre Lebensaufgabe zu

Abb. 2: Typisch für die Landschaft um Sedona sind skulpturartige, rote Felsformationen

finden, Lösungen für wichtige Herzensanliegen oder anregende Impulse für eine anstehende Veränderung in ihrem Leben.

Völlig unabhängig davon, wie bewusst ein Besucher hier den Kontakt mit der Natur sucht, für einen Moment lang spürt oder erahnt hier wohl jeder die Präsenz einer größeren Macht. Hier wird offensichtlich, wie klein und unbedeutend im Vergleich zu dieser zeitlosen majestätischen Natur ein Menschenleben von höchstens hundert Jahren ist.

International weniger bekannt ist der ebenfalls schon seit langem von amerikanischen Ureinwohnern für die Visionssuche genutzte Ort, der heute Sedona heißt. Hier gibt es auffallend viele Kunst-Galerien, Ateliers und Kunstschulen. Farbenfrohe, von der Natur inspirierte Gemälde und Skulpturen begleiten Dich in Sedona auf Schritt und Tritt. Ich glaube, selbst wenn Du kein Kunstliebhaber bist, zuckt Dir hier bald die Hand, und

Du fragst Dich, ob Du nicht doch einmal versuchen solltest, zu malen oder auf irgendeine Weise künstlerisch tätig zu werden.

Schon vielen Menschen ist hier auf einem der schier zahllosen Kraftplätze in und rund um Sedona in der Bergwelt der Red Rocks die Geschäftsidee ihres Lebens zugeflogen. Walt Disney hat hier innerlich aufgetankt und sich inspirieren lassen, auch John Wayne, Al Pacino, Orson Welles und Max Ernst. Die sogenannte Sedona-Methode, eine heute weltweit benutzte Technik, mit der es sehr schnell gelingt, unangenehme Emotionen auf einfache Weise loszuwerden, wurde ebenfalls hier geboren.

Die Amerikaner haben ein Sprichwort: »God created the Grand Canyon, but He lives in Sedona.« (auf dt.: »Gott hat den Grand Canyon erschaffen, aber seinen Wohnsitz hat er in Sedona.«)

Die amerikanischen Ureinwohner kannten und besuchten diesen Ort schon seit Jahrtausenden. Ihrer Meinung nach ist dies ein idealer Platz, um in der Natur Hilfestellung und Antworten auf wichtige Lebensfragen zu finden, nicht aber ein Ort zum leben. Wie schon so oft, haben sich die Weißen über diesen Rat hinweggesetzt und hier die Kleinstadt Sedona gegründet.

»Dies ist ein Ort des Segens«, sagen die Indianer. Wir würden Sedona als einen Pilger- oder Wallfahrtsort bezeichnen. Dies ist ein Ort, so sagt man hier, um zu regenerieren. Es ist ein idealer Platz, um zur Ruhe zu kommen, um zu sich selber zu kommen, um neue Kräfte zu sammeln. Ja, manche behaupten sogar, um sich zu verjüngen.

Dies ist ein Ort der Heilung, soviel steht fest. Ich habe mich hier mit einer Rangerin* angefreundet, der man vor einem Jahr das linke Bein, ein Raucherbein, abnehmen wollte. Statt dem operativen Eingriff zuzustimmen, ist sie aus dem Bundesstaat Wisconsin hierher gezogen. Hier hat sie sich zunächst einige Wochen lang nur in der freien Natur aufgehalten. Sie hat während dessen viele Tage lang täglich mehrfach im Oak Creek River

* Als »Ranger« werden die Aufsichtspersonen in den Naturparks bezeichnet.

gebadet. Das ist der Fluss, der durch Sedona fließt und dem die Apachen die gleiche reinigend-heilende Wirkung zuschreiben wie etwa die Inder dem Ganges. Ihr Bein hat sie heute immer noch. Sie hat es mir gezeigt. Es ist von Narben übersät, von richtigen Narben-Kratern. Sie erzählte mir, sie habe sich damals – weil sie wirklich völlig am Ende war – diesem heiligen Land als ihrem Meister hingegeben. Dieser Ort habe sie gerettet und geheilt. Spontanheilungen gäbe es hier häufig, wurde mir mehrfach erzählt.

Die Indianer kamen früher hierher, wenn sie »Segen für ihren Lebensweg« brauchten. Weil sie beispielsweise krank waren oder sich sonst irgendwie »festgefahren« fühlten in ihrem Leben. Im Jahr 2009 wurde Sedona zur schönsten Landschaft Amerikas gewählt. Für mich steht fest: Dieser Ort ist magisch. Das ist das einzige Wort, was für mein Empfinden meine Erlebnisse hier einigermaßen treffend umschreibt. Hier gehen Wünsche oft innerhalb von Stunden in Erfüllung.

Das Buch, das Du hier gerade liest, ist völlig ohne mein bewusstes Zutun, ohne irgendeine intellektuelle Konzeption oder Anstrengung von meiner Seite aus, einfach so »aus meiner Feder geflossen«. Ich habe das Thema weder gesucht noch gewünscht. Obwohl es zwar an das Wissen anknüpft, das ich über Jahrzehnte hinweg erworben hatte, habe ich dennoch nicht mehr getan, als meinen Stift wie im Diktat über das Papier zu bewegen. Der Inhalt kam und formte sich dabei völlig von alleine. Er kam – so würden die indianischen Ureinwohner, die hier leben sagen – durch den »Great Spirit«, den Großen Geist beziehungsweise durch die Kraft der Red Rocks, durch die außerordentliche Energie der Kraftorte hier, durch diese starke Präsenz, durch den Segen dieses Jahrmillionen alten heiligen Landes. Es war, als würden mir die Worte diktiert, ins Ohr geflüstert beziehungsweise ins Herz und direkt in die Hand und den Stift gegeben.

Das wurde mir selber auch dadurch bewusst, dass ich mich bereits wenige Stunden, nachdem ich etwas niedergeschrieben hatte, an die Einzelheiten nicht mehr erinnern konnte. Ich musste selber in meiner blauen Kladde nachlesen, um eine Technik ausprobieren zu können. Ich war – und bin – im Grunde genau wie Du nur eine Leserin dieses Buches. Auch der Name der Methode »SOURCE« stammt nicht von mir. Ich habe ihn, so als würde er mir diktiert, hier auf dem Bellrock sitzend in mein Tagebuch geschrieben:

S Sedona stone
O Oracle
U Unity
R Recreating
C Constellation
E Experience,

was auf Deutsch so viel heißt wie »Sedona-Stein-Orakel, eine die ursprüngliche Einheit wiederherstellende Konstellations-Erfahrung«, und SOURCE ist das englische Wort für Quelle.

Mein Mann, mit dem zusammen ich hergereist bin, war der erste Mensch, mit dem ich all dies geteilt und auch ausprobiert habe. Er war zunächst äußerst skeptisch, auch als ich ihm erzählte, wie mir auf wirklich magische Weise der Namen SOURCE, inklusive aller Abkürzungserklärungen, zugeflogen war. Er stellte sich zunächst stur, als ich ihn um Unterstützung bat. Statt mit mir mit Steinchen zu spielen, wollte er lieber in seinem amerikanischen Buch weiterlesen, das er sich gekauft hatte. Er steckte auch demonstrativ sofort wieder seine Nase in das Buch. Doch da stutzte er: »Schau!« rief er und deutete sprachlos auf einen der allerersten Sätze: »Always follow the Source.«*

Liebe Leserin, lieber Leser, ich freue mich, dass nun auch Du durch dieses Buches an dieser Magie teilhaben kannst. Ich wünsche Dir von Herzen, dass Du mit Hilfe der SOURCE-Technik kraftvolle und wunder-bare Erfahrungen machen wirst. Mögen

* Auf dt.: »Folge stets der SOURCE (Quelle).«

die Erfahrungen, die Du damit machst, Dich heilen, stärken und Dir dabei helfen, zu der strahlenden Größe heranzuwachsen, die Dir von Geburt an zusteht.

Ich schicke Dir einen dicken Strahl dieser herrlichen, lichten, transformierenden Sedona-Energie!

Kira Klenke

Lernen besteht in einem Erinnern von Informationen, die bereits seit Generationen in der Seele des Menschen wohnen. (Sokrates)

Es gab während des Aufenthalts in Sedona immer wieder – auch außerhalb meiner Schreibzeiten auf dem Bellrock – Hinweise, dass dieser Text ungewöhnlich und etwas Besonderes ist, wie es zum Beispiel das folgende Foto mit einer ziemlich großen, weißen Energie-Licht-Wolke über der Tastatur meines Laptops dokumentiert. Ich habe damals regelmäßig im Hotel meine Tagebuch-Notizen abgetippt. Dabei kam irgendwann der Impuls, meinen Arbeitsplatz zu fotografieren. Staunend habe ich dann auf den Fotos eine weiße Licht-Energie-Wolke über der Laptop-Tastatur und meinen SOURCE-Tagebuch-Notizen entdeckt.

Abb. 3: Energie-Wolke über der Laptop-Tastatur und den SOURCE-Tagebuch-Notizen

Worum geht es in diesem Buch?

Die indianische Definition von »Medizin«

Die nordamerikanischen Indianer würden die SOURCE-Methode als »Medizin« bezeichnen. Wobei das Wort »Medizin« im Weltbild der Indianer viel weiter gefasst ist als bei uns. Schon alleine die indianische Definition von Medizin kann eine Anregung dafür sein, wie man sich in schwierigen Lebenssituationen selber besser helfen kann. Der Begriff »Medizin« umfasst für die Indianer nicht (wie bei uns heute üblicherweise) einfach nur Medikamente, wie ein Aspirin oder eine Spritze gegen Rückenschmerzen. In der indianischen Tradition ist alles, was jemandem zur Wiederherstellung von Harmonie oder Frieden verhilft Medizin. Alles, was den Körper oder den Geist heilt und das innere Gleichgewicht wieder herstellt, ist Medizin.

Um eine geeignete Medizin beziehungsweise heilende Hinweise für ein persönliches Problem zu finden, sind die Indianer oft hinaus in die Natur gegangen. Dabei haben sie auch ihre Vorfahren und Geist- oder Tierhelfer um Mithilfe gebeten. Ein solche sogenannte »Medizinwanderung«, um draußen in der Natur die Antwort auf eine drängende, dringende Frage zu finden, ist natürlich auch heute hier bei uns im Westen denkbar und möglich. Über Generationen haben Indianer die Zeichen der Natur so für sich genutzt, auch um Entscheidungen für ihren ganzen Stamm zu treffen.

Der erste Schritt war dabei zunächst die klare, feste Absicht, ein ganz bestimmtes Problem zu lösen oder ein bestimmtes Thema zu klären. Die Indianer waren dabei fest davon überzeugt, dass »Great Spirit« sie führen und unterstützen würde. Mit »Great Spirit« bezeichnen sie die perfekte, ursprüngliche, göttliche Kraft, die alles erschaffen hat und in allem lebt. Sie lebt in allen Menschen genauso wie im Himmel und den Wolken, den Sternen, der Sonne und dem Mond, in Pflanzen und Tieren, Flüssen, Seen und Bergen und natürlich in allen Steinen.

Was bringt dir die SOURCE-Methode?

Die SOURCE-Methode bringt dir deine »Medizin«, wenn sie so wie oben definiert wird. Auch bei einer SOURCE-Sitzung fasst du zunächst eine klare Absicht. Mit Vertrauen übergibst du dein Problem beziehungsweise die Führung auf der Suche nach geeigneten Antworten an eine höhere Macht ab. Mit Hilfe einer SOURCE-Stein-Konstellation wirst du die Zusammenhänge deines Lebens mit neuen Augen betrachten. Du interpretierst mit Intuition die Zeichen der Steine und folgst dann den feinen Impulsen, die dich in Richtung deiner Lösung führen werden. Du wirst dabei plötzlich neue Möglichkeiten entdecken, die du zuvor einfach übersehen hattest. Mit einer SOURCE wird ein energetischer Harmonisierungs- und Heilungsprozess angestoßen, den der »Great Spirit« beziehungsweise die Quelle hinter allem Sein für dich lenkt. Denn wenn es uns gelingt, uns mit dem Ort zu verbinden, aus dem heraus alles entsteht, dann finden wir Antwort auf jede Frage und Lösungen für jedes Problem.

Mit der SOURCE-Methode wirst du erstaunlich schnell eine Verbindung zur Quelle finden. Du wirst auf verblüffend leichte Weise tiefe Antworten direkt aus der Quelle schöpfen können. So kannst du für jede nur erdenkliche Problemsituation neue, befreiende Impulse und heilende Hinweise erhalten. Eine SOURCE bietet einen phänomenal einfachen Weg, persönliche Krisen innerhalb kürzester Zeit zu beenden. Dieses Buch kann dein Leben transformieren. Und jeder Mensch kann diese Methode sehr schnell erlernen!

Dazu brauchst du lediglich den leicht nachvollziehbaren Schritten hier im Buch zu folgen. SOURCE-Arbeit ist in der Regel pure Freude. Sie ist spielerisch und fasziniert sofort jeden, der davon hört.

Sie wirkt positiv unterstützend und auf allen Ebenen heilend. Selbst Menschen, die sich sonst schwer damit tun, Ziele oder Wünsche für die Zukunft zu formulieren, finden mit einer SOURCE leicht und klar ihre neue Ausrichtung.

Das Großartige an der SOURCE-Methode ist, dass dir eben (noch) nicht klar sein muss, worin genau der springende Punkt einer Situation oder der Knackpunkt eines Problems liegt. Das ist eins der Wunder der SOURCE-Arbeit und das Geschenk dieser Orakelarbeit: Beim Betrachten der Stein- Konstellationen offenbaren sich plötzlich die tieferen Zusammenhänge der (Konflikt-)Situation ganz von alleine!

Und das allerschönste an der SOURCE-Methode ist, dass die Stein-Konstellation dann durch die neu gesetzte Energie – und zwar völlig, ohne dass du bewusst weiter über das Thema nachdenkst! – die angestrebte, erlöste, geheilte Zukunft in deine Realität zieht. Das ist das Wunder-bare: Die eigentliche »Arbeit« geschieht in einer SOURCE von alleine. Sie wird »für dich getan«. Alles, was du dafür tun musst, ist entspannt und offen zu bleiben und dem Prozess zu vertrauen.

Alles, was du hier liest, habe ich im Laufe der letzten Jahre alleine oder zusammen mit anderen Menschen vielfach ausprobiert und erfahren. Immer wieder habe ich dabei über die Kraft, die in der SOURCE-Methode steckt, gestaunt – es ist eine starke Heil- und befreiende Transformations-Kraft.

Antworten aus der Quelle: Die Klärungs- und Transformationskraft einer SOURCE

Die SOURCE-Methode hilft dir dabei, dich zu heilen oder selber aus Krisen zu befreien. Alles, was in deinem Leben zu heilen ist, liegt in deinen eigenen Händen – im wahrsten Sinne des Wortes. Dieses

Buch erklärt dir Schritt für Schritt die kraftvolle Stein-Orakel- und Konstellations-Technik. Während du dem leicht zu verstehenden Aufbau schrittweise folgst, wirst du automatisch den Zugang zu tiefer Weisheit und verlässlicher innerer Führung finden.

Ja, es gibt ihn, den Zugang zur Quelle tiefer, universeller Weisheit, und jeder kann ihn für sich finden. Diese Tür öffnet sich dir, wenn du dich entspannst und für die Dauer einer SOURCE-Session bereit bist, die Kontrolle abzugeben und für eine Weile nichts Bestimmtes mehr erreichen willst. Du öffnest dich stattdessen für das, »was immer sich dir gerade zeigen will«. Wenn du innerlich zuhörst und darauf vertraust, wird deine innere Herzens- oder Seelen-Stimme (manche nennen es Intuition oder Eingebung oder den Ratschlag eines Engels) mit dir sprechen. Diese Stimme, ihre wertvollen Hinweise und Geschenke werden dich überraschen. Sie sind in der Regel erstaunlich einfach, sehr klar und effektiv. Sie sind immer heilsam und fast immer wirst du unmittelbar Erleichterung verspüren.

Eine SOURCE offenbart die einer jeden Lebenssituation innewohnende Logik und Stimmigkeit sowie den sich daraus unmittelbar ergebenden nächsten (und immer gegebenen!) Schritt in die Freiheit. All dies geschieht und entwickelt sich ganz von selbst. Folge den hier im Buch beschriebenen Schritten, indem du die auf dein Anliegen Einfluss nehmenden Kräfte definierst, dazu bestimmte Steine auswählst, diese Steine dann wirfst und die dabei entstehende Stein-Konstellation verschiebst. Dadurch transformiert sich nicht nur deine Stein-Konstellation, sondern auch die betreffende Lebenssituation.

Ich habe in den letzten Jahren die Steinorakelarbeit SOURCE zusammen mit vielen anderen Menschen immer wieder angewendet. Gemeinsam haben wir die Methode und ihre transformierende Kraft erforscht. Mit diesem Buch gebe ich auch das weiter, was wir dabei erfahren und gelernt haben.

Für wen ist die SOURCE-Methode geeignet?

Mit Hilfe der SOURCE-Methode kann jeder – auch völlig ohne Vorkenntnisse! – den Zugang zu tiefer Weisheit und innerer Führung finden. Jeder kann damit für seine Probleme neue Impulse und Antworten aus der Quelle tiefster Weisheit schöpfen. Dies sind Antworten, die in der Regel den Blickwinkel erweitern und das Problem sofort in einem anderen Licht und weniger gravierend erscheinen lassen. Diese Antworten vermitteln unmittelbar die Hoffnung, dass sich die Situation verändern kann, und geben gleichzeitig auch ganz konkrete, praktische Hinweise, wie das geschehen könnte.

Die Methode wird all denjenigen ganz besonders schnell vertraut sein, die regelmäßig meditieren oder in Schamanismus oder Energiearbeit bewandert sind. Das gleiche gilt für Menschen, die mit der Natur kommunizieren, beispielsweise mit Bäumen, oder auch alle, die gerne mit Tarotkarten, dem I Ging oder einer anderen Orakelmethode arbeiten. Auch Menschen, die schon einmal eine (Familien)-Aufstellung miterlebt haben, werden sich sehr schnell mit der SOURCE vertraut fühlen.

Mögliche Themen für eine SOURCE

Eine SOURCE ist als Werkzeug für die Klärung beruflicher Probleme genauso geeignet wie für Fragen in der Liebe. Sie ist für die Klärung der Beziehung zwischen Tochter und Mutter genauso zweckdienlich wie für die Suche nach einem geeigneten Lebenspartner. Sie kann auch bei gesundheitlichen Problemen die medizinische Behandlung und die Heilung enorm unterstützen. Eine SOURCE eignet sich auch als hilfreiche, beruhigende Begleitung von persönlichen oder beruflichen Projekten, von der Suche nach dem geeigneten Reihenhaus bis zur Erstellung einer Masterarbeit oder dem Publizieren eines Buches.

Eine Frau, die seit Jahren in psychotherapeutischer Behandlung ist, hat sich mit Hilfe einer SOURCE mit ihrer Angst anfreunden können. Eine Freundin hat bei ihrer Scheidung sehr unter der ungerechten Aufteilung der gemeinsamen Besitztümer gelitten. Nach einer SOURCE hat sie sich dann konsequent nur auf das konzentriert, was für ihre eigene neue Zukunft wichtig ist und ihr Kraft gab. Mir fällt eigentlich keine Problemsituation ein, wo ich mir eine SOURCE nicht – zumindest als zusätzlich unterstützendes Hilfsmittel – vorstellen könnte.

Die SOURCE-Arbeit löst mentale Blockierungen, löscht alte, sabotierende und nicht länger dienliche Glaubenssätze und gelegentlich auch Verstrickungen aus früheren Leben wie alte Gelübde oder Versprechen. All das tut sie auch dann – das ist wichtig zu wissen und anzuerkennen! –, wenn du dir dieser Hindernisse selber nicht bewusst bist.

Verlässliche Hilfe in allen Lebenslagen

Bevor wir gleich im Kapitel: »Die SOURCE-Methode von der Pike auf erlernen« in alle Feinheiten der Methode einsteigen, sollst du eine Vorstellung davon bekommen, wohin die Reise geht. Deshalb kommt hier zunächst eine kurze Zusammenfassung der Methode und dann betrachten wir als Einstieg zusammen eine Beispiel-SOURCE.

Die SOURCE-Methode in Kürze: Eine Zusammenfassung

1. Besorge dir eine Handvoll kleinerer Steine. Edelsteine sind gut geeignet, aber ganz normale Kieselsteine tun es auch.

Abb. 4: Kleine verschiedenfarbige Halbedelsteine sind sehr gut für eine SOURCE geeignet

2. Stimme dich auf die bevorstehende SOURCE ein, indem du kurz innehältst, eine Weile meditierst oder ein kleines, einstimmendes Gebet sprichst. Fasse den Entschluss, dich dem Fluss des Prozesses anzuvertrauen beziehungsweise der Führung aus der Quelle. Bitte darum, dass dein rationaler Verstand und dein Ego* für die Dauer der SOURCE beiseitetreten und sich nicht einmischen.

3. Lege dein Thema fest beziehungsweise dein Problem. Halte das schriftlich in wenigen Sätzen fest. Sofern es dir jetzt schon möglich ist, notiere auch eine erste Version des stattdessen gewünschten Ziel-Ergebnisses. Dies ist aber an dieser Stelle nicht unbedingt erforderlich, denn es ergibt sich später automatisch aus dem Ergebnis der SOURCE.

4. Erstelle eine Liste der aus deiner Sicht am Geschehen beteiligten Personen und Einflusskräfte. Das könnte beispielweise deine Eifersucht sein, dein Ehemann, ein Testament, eine Krankheit oder Kündigung. Das sind die sogenannten »Player«. Konzentriere dich hier auf die wichtigsten, denn je mehr Player es sind, desto komplexer wird tendenziell der SOURCE-Prozess. Auch verzwickte Situationen haben sich schon in einer SOURCE mit nur fünf Playern lösen lassen.

5. Wähle nun für jeden dieser Player einen Stein aus, der ihn später in der Stein-Konstellation repräsentieren wird. Halte auch diese Zuordnung entweder schriftlich in der Liste deiner Player fest oder mit einem Foto (so wie im unten folgenden Beispiel).

6. Bitte um Kontakt mit deiner inneren Führung. Nun wirf sanft, aber beherzt die erste Stein-Konstellation. Bitte dabei darum, dass das geworfene Stein-Muster deine derzeitige Situation gut verdeutlicht.

* Mit »Ego« sind hier innere Einstellungen, feste Überzeugungen und eingefahrene Gewohnheiten gemeint, durch die viel zu oft die Interpretation von Geschehnissen und die Reaktionen auf Lebenssituationen immer wieder ähnlich ablaufen.

7. Mache ein Foto der geworfenen Stein-Konstellation.

8. Welche Auffälligkeiten bemerkst du in dieser Konstellation? Notiere sie. Lasse dabei im ersten Schritt möglichst die inhaltliche Bedeutung der Steine außen vor. Hier ist es sogar hilfreich, wenn du dich nicht mehr erinnerst, welcher Stein welchen Player repräsentiert. Diese schriftlich festgehaltenen Muster oder Strukturen »übersetzt« du dann im nächsten Schritt mit Hilfe deiner Playerliste (aus 4.) und der Liste der Steinzuordnung (aus 5.) in inhaltliche Zusammenhänge.

9. Welche Steine müssten nun wie verschoben werden, damit die Situation harmonisiert wird oder erträglicher, stimmiger, friedlicher oder was immer konkret zu dem bearbeiteten Thema passt? Gehe hier sachte und mit Bedacht vor, denn jede einzelne Stein-Verschiebung verändert sofort auch die (Energie-)Beziehung aller anderen Steine zueinander. Also gehe behutsam vor, mache ganz in Ruhe kleine Schritte.

Spüre nach jeder Veränderung zunächst, was sich verändert hat und ob die Konstellation sich tatsächlich leichter und besser anfühlt. Es ist dabei möglich, einen Zwischenschritt auch nur testweise zu legen und ihn, falls sich die Energie dadurch nicht deutlich verbessert, wieder zurückzunehmen. Du kannst dabei natürlich nach inhaltlichen Gesichtspunkten vorgehen, aber wichtiger ist stets dein Bauchgefühl. Folge deiner Intuition, auch spontanen Impulsen oder »Eingebungen«.

Was müsste wie verschoben oder verändert werden, damit das Gesamtbild geordneter, harmonischer, angenehmer und heilsamer wird? Du kannst hier bei Bedarf auch einen weiteren, neuen Player zusätzlich einfügen. Deine Ziel-Konstellation ist dann erreicht, wenn dir der Anblick oder das (energetische) Erspüren dieser Konstellation eine Art Aha-Gefühl oder deutliche Erleichterung verschafft.

10. Mache jetzt ein zweites Foto.

11. Aus der inhaltlichen Bedeutung der Steine ergibt sich unter Berücksichtigung ihrer Lage beziehungsweise Stellung zueinander in der Regel eine Botschaft aus der Ziel-Konstellation wie zum Beispiel: »Meine Gefühle stehen jetzt im Mittelpunkt.« Formuliere die Botschaft deiner Ziel-Konstellation anhand der inhaltlichen Bedeutung der Player in einem Satz, der dich stärkt.

12. Arbeite mindestens sieben Tage lang mit den beiden Fotos, dem Foto der zuerst geworfenen Stein-Konstellation und dem Foto deiner Ziel-Konstellation. Mache das zwei Mal täglich für etwa drei Minuten. Besonders gut ist es morgens direkt nach dem Aufwachen und abends direkt vor dem Einschlafen.

Du legst dazu das erste Foto links hin (oder hältst es in der linken Hand) und legst das zweite Foto rechts daneben (oder hältst es in der rechten Hand). Dann schaust du zunächst kurz auf das linke Foto und wechselst dann mit deinem Blick nach rechts zum Foto der Ziel-Konstellation, wo du eine kurze Weile verharrst.

Wenn du magst, sprich innerlich oder auch laut dabei deinen Ziel-Satz beziehungsweise deine SOURCE-Affirmation. Dies wiederholst du einige Male: Kurz das linke Foto anschauen, dann den Blick nach rechts zum zweiten Bild schweifen lassen und da etwas länger verharren.

Wenn es räumlich möglich ist, kannst du auch deine Ziel-Konstellation selber mehrere Tage liegen und weiter auf dich wirken lassen.

13. Beobachte, was sich in und nach diesen sieben Tagen in Bezug auf deine Situation beziehungsweise das Problem verändert.

SOURCE live erleben: Eine Beispiel-Session

Die Problemsituation

Renate (Name geändert) ist 60 Jahre alt und Lehrerin kurz vor der Pensionierung. Sie malt gerne und sehr gut und hat sich im eigenen Haus ein Atelier eingerichtet. Hin und wieder verkauft sie auch ein Bild. Sie wirkt jugendlich für ihr Alter und sehr lebendig. Traurig macht sie nur, dass sie, nachdem vor Jahren ihr Mann gestorben ist, keinen Lebenspartner mehr hat. Sie hat sich bei mehreren Partnerportalen im Internet angemeldet und trifft sich seit mehr als zwei Jahren gelegentlich mit Männern, deren Profil zu dem ihren zu passen scheint. Sie sagt, was sie bei diesen Treffen erlebt hätte, hätte sie immer wieder enttäuscht. In der Regel hätten die Männer überhaupt nicht zu der von ihnen im Web geposteten Beschreibung gepasst.

Am meisten jedoch verletze sie, dass bisher noch alle Männer, mit denen sie sich getroffen habe, fast sofort das Interesse an ihr verloren hätten. Dies sei immer dann geschehen, sobald sie selbstbewusst deutlich gemacht habe, dass die Malerei ihre Leidenschaft sei, für die sie natürlich Freiraum brauche, zeitlich genauso wie räumlich. Sie sagt: »Ich hätte so gerne als Lebenspartner einen Mann, den eine selbstbewusste Frau nicht verschreckt. Und ich möchte einen Mann, der sich auch für Kunst, Museen und Kunstausstellungen interessiert.«

Zunächst habe ich ihr den Ablauf und die Arbeitsweise einer SOURCE erklärt. Dann haben wir uns einige Minuten lang mit der sanften und erhebenden Flötenmusik des nordamerikanischen Indianers Carlos Nakai eingestimmt. Seine ruhige und gleichzeitig intensive Musik passt wundervoll zur SOURCE-Arbeit. Danach hat Renate überlegt, welche Einflusskräfte bei ihrem Thema eine Rolle spielen. Das waren dann die sogenannten Player (auf dt.: Spieler) ihrer SOURCE.

Ihre Player-Liste war:

Nr.	Player
1	Ein zu mir passender Lebenspartner
2	Ich
3	Malen & die Kunst
4	Meine Unabhängigkeit
5	Verbindlichkeit & Treue
6	Tiefe Zuneigung
7	Schöne, lustvolle Sexualität
8	Finanzielle Absicherung
9	Mir angenehme Partnervermittlung (übers Web, Anzeigen oder Bekannte oder ?)
10	? das, was jetzt noch irgendwie fehlt bei der Partnersuche

Für diese Player hat sie dann für die SOURCE diese Steine als Stellvertreter ausgewählt:

Abb. 5: Zuordnung der Steine zu Renates Playern

Damit hat sie dann die folgende Stein-Konstellation geworfen, die wir sofort fotografiert haben:

Abb. 6: Von Renate geworfene Stein-Konstellation

Auffällige Muster oder Positionen darin waren:

- In einem Cluster liegen 9, 4, 5, 8 und 2, wobei 9 im Zentrum liegt,
- 8 liegt ganz dicht dran und 2 ein bisschen weiter weg.
- Weiter weg (in einem Bogen) liegen 6, 1, 7.
- 3 ist deutlich weiter weg.
- 10 war ganz aus der Konstellation gefallen und unter dem Tisch gelandet.

Wir haben diese vier Auffälligkeiten zunächst so in dieser Zahlen-Schreibweise notiert. Keine von uns beiden hatte noch genau im Kopf, welche Inhalte sich hinter den einzelnen Steinen verbargen. Genau das ist zu diesem Zeitpunkt einer SOURCE sogar förderlich, um die Konstellation neutral und ganz objektiv anschauen und interpretieren zu können.

Erst dann, im zweiten Schritt, haben wir die inhaltliche Bedeutung der Steine dazugenommen:

1. In einem Cluster liegen »Mir angenehme Partnervermittlung«, »Meine Unabhängigkeit«, »Verbindlichkeit & Treue«, »Finanzielle Absicherung« und »Ich«, wobei die »mir angenehme Partnervermittlung« im Zentrum liegt, »Finanzielle Absicherung« ganz dicht dran und »Ich« ein bisschen weiter weg.
2. Weiter weg (in einem Bogen) liegen: »Tiefe Zuneigung«, »Ein zu mir passender Lebenspartner« und »Schöne, lustvolle Sexualität«.
3. »Malen & die Kunst« liegt deutlich viel weiter weg, steht also keinesfalls im Zentrum.
4. »Das, was jetzt irgendwie fehlt« ist ganz herausgefallen und unter den Tisch: Na klar, das fehlt eben jetzt! Dies spiegelt verblüffend präzise die gegenwärtige Situation.

Der Weg zur Zielkonstellation

Renate sagt spontan, sie sehne sich im Grunde nach dem, was der Bogen der drei Steine »Tiefe Zuneigung«, »Ein zu mir passender Lebenspartner« und »Schöne, lustvolle Sexualität« repräsentiert. Das stehe aber derzeit bei ihr gar nicht im Zentrum ihrer Partnersuche. Ihr Fokus liegt momentan – das kann sie sofort bestätigen – auf der Suche nach einer geeigneten Partnervermittlung. Und im Grunde, sagt sie jetzt, traue sie all diesen Internet-Foren und Anzeigen nicht. Ja, sie bezweifele sogar, dass dieser Weg sie zum Ziel beziehungsweise zum neuen Lebenspartner führen würde.

Trotzdem beschäftigt sie sich gerade damit sehr viel, denn sie weiß keinen anderen Weg. Bei den Männern, die sie trifft, klopft sie dann als erstes misstrauisch ab, ob diese finanziell gut abgesichert sind, ob sie ehrliche Absichten für eine feste Zweierbeziehung haben und ob sie emanzipiert genug sind für eine starke, unabhängige Frau. Auf Grund dessen hat sie dann bisher die Kontakte schleunigst wieder abgebrochen – oder die Männer haben sich schnell wieder zurückgezogen.

Während sie die Stein-Konstellation betrachtet, überlegt sie,

a) dass es wohl Sinn machen würde, ihre Liebe zur Kunst, die ihr so kostbar und einer ihrer Lebensmittelpunkte ist, schon in der Textbeschreibung beziehungsweise den ersten Kontakt-Mails oder Telefonaten unbedingt deutlicher zu kommunizieren – und den zugehörigen Stein mehr ins Zentrum der Konstellation zu rücken.

Abb. 7: Auf dem Weg zu Renates Ziel-Konstellation

b) dass sie bei zukünftigen Treffen ihren Fokus dahin verändern möchte, in erster Linie zu erspüren, ob dieser Mann die für sie entscheidenden Kriterien »tiefe Zuneigung«, »ein zu mir passender Lebenspartner«, »schöne, lustvolle Sexualität« erfüllen könnte. Sie beschließt, dass der Bogen dieser drei Player das Zentrum ihrer neuen Ziel-Konstellation bilden soll, aber zusammen mit dem Stein, der sie selber repräsentiert. Die anderen Player »meine Unabhängigkeit«, »Verbindlichkeit & Treue« und »finanzielle Absicherung« sollten dann mit etwas Abstand davon liegen.

Den Fokus auf die »Partnervermittlung« hat sie dann beherzt beiseitegeschoben und dafür »das, was fehlt« (ohne dass ihr klar war, was das sein könnte) in die Konstellation integriert. Dann hat sie zusätzlich noch einen Stein für den zukünftigen Partner neu gezogen: Es war zufällig ein schöner, gemusterten Achat. Das passte gut, denn der Stein, der sie selber repräsentierte, war auch ein Achat.

Abbildung 7 zeigt die Konstellation, die dabei entstanden ist.

Renate bemerkte schnell, dass sie sich damit (wider Erwarten) nicht wohlfühlte. Hier lagen für ihr Gefühl einfach viel zu viele Steine. Es gab viel zu viele, zum Teil sehr unterschiedliche Einflüsse in dieser Konstellation.

So entstand dann daraus im weiteren die folgende, reduzierte Stein-Konstellation als Ziel-Konstellation (Abbildung 8).

Dies wurde Renates zweites SOURCE-Foto: Sie und ihr zukünftiger Partner, verbunden in tiefer Zuneigung, gut zueinander passend und mit schöner, lustvoller Sexualität, kommen mit Hilfe von etwas zusammen, das Renate derzeit noch nicht kennt (Stein 10; liegt im Foto einzeln unten).

Das ist die Botschaft von Renates Ziel-Konstellation.

Wir haben die SOURCE mit einem kurzen Moment der Stille beendet. Jede von uns hat sich innerlich still bedankt. In dieser SOURCE war Renates Sicht auf ihre derzeitige Situation ganz erstaunlich schnell transformiert worden. Statt vorrangig intellektuell und ängstlich auf ihre Sicherheit zu schauen, würde sie ab jetzt in erster Linie ihrem Herzen folgen. Durch das Ergebnis dieser

Abb. 8: Renates Ziel-Konstellation

SOURCE wurde Renates Zuversicht gestärkt, dass die Sehnsucht ihres Herzens sie mit Hilfe höherer Führung zum passenden neuen Partner leiten würde: »Ich schaue ab jetzt mit dem Herzen, und ich bin mir sicher, ich werde meinen idealen Lebenspartner bald finden.«

Diesen Zielsatz beziehungsweise diese neue Einstellung und Zuversicht hat sie dann in den folgenden Tagen durch die Arbeit mit den beiden Fotos (so wie in der obigen SOURCE-Zusammenfassung im 11. Punkt beschrieben) weiter untermauert.

Als wir einige Wochen später telefoniert haben, hat sie mir erzählt, dass es mittlerweile unter ihren Dating-Kandidaten einige ganz passable Männer gäbe, mit denen sie sich eine Partnerschaft durchaus vorstellen könnte.

Die SOURCE-Methode von der Pike auf erlernen

Nachdem du nun einen Überblick bekommen und einen ersten Eindruck von der Anwendung der SOURCE-Methode gewonnen hast, wird nun die Technik Schritt für Schritt ganz im Detail erklärt.

Die SOURCE-Steine

Du benötigst etwa 10 - 12 Steine. Es sollten kleinere mit einem Durchmesser von etwa 1 - 3 cm sein. Gut ist es, wenn sie sich in Form, Farbe oder Gesteinsart deutlich und eindeutig voneinander unterscheiden. Ideal sind deshalb Schmucksteine wie Rosenquarz, Bergkristall, Mondstein, Fluorit oder Tigerauge. Auch bunte Glas-Dekorsteine sind geeignet oder ganz normale Kieselsteine.

Du kannst mit einer Handvoll normaler, kleiner Steinchen beginnen, wie du sie beispielsweise auf jedem Spaziergang findest. Vielleicht sammelst du auch im nächsten Urlaub gezielt einige SOURCE-Steine in den Bergen oder am Meer. Du kannst sie an einem Kraftort sammeln, den du besuchst oder an irgendeinem Platz in der Natur, den du magst. An der Ostsee findet man beispielweise sehr schöne, bunte und durch das Meer zu ungewöhnlichsten Formen geschliffene Steine. Vielleicht findest du deine Steine aber auch unerwartet mitten in der Innenstadt, auch das ist möglich.

Für die SOURCE-Arbeit ist es hilfreich, wenn die Steine vom Aussehen her für dich eindeutig und klar unterscheidbar sind.

Sollten Steine, die du in der freien Natur gefunden hast, nicht so leicht unterscheidbar beziehungsweise identifizierbar sein, kannst du sie auch mit einem Permanent-Marker durchnumerieren.

Abb. 9: Natur-Steine nummeriert

SOURCE-Steine in der Natur finden

Fasse, bevor du losgehst, innerlich die Absicht: »Ich möchte ein geeignetes Steine-Set für meine SOURCE-Arbeit finden.« Dann nimm dir eine Weile Zeit, um entspannt und innerlich offen spazierenzugehen. Hilfreich ist es, wenn dabei das Sehen weicher und deine Wahrnehmung weiter wird. Je lockerer, empfänglicher und gelassener du an die Sache gehst, um so schneller und leichter wirst du deine Steine finden. Lass dich überraschen von dem, was dir auf diesem kleinen Ausflug begegnen wird. Hier geht es weniger darum, dass du aktiv die Steine suchst, als vielmehr darum, dass die Steine dich finden oder »rufen«.

Ich habe schon mein ganzes Leben lang überall Steine gesammelt, im Wald, am Strand, in den Bergen, auf Vulkanen und an vielen Kraftorten. Da ich in meiner Wohnung mittlerweile schon sehr viele Steine habe, bringe ich sie nun auch immer öfter »nach der Arbeit« wieder dahin zurück, wo ich sie gefunden habe. Auch Steine, mit denen aus irgendeinem Grund die Zusammenarbeit dann doch nicht zustandekam, habe ich nach einer Weile an dem Ort wieder »ausgewildert«, wo ich sie gefunden hatte. Bei einer Visionssuche habe ich gelernt, die Steine vor dem Aufheben zu fragen, ob ich sie für diese Arbeit mitnehmen darf.

Wie man mit Steinen spricht, fragst du dich jetzt vielleicht. Ich halte dazu für einen kurzen Moment inne, richte innerlich meine Frage an den Stein. Dann spüre ich nach, ob eher ein positiver oder eher ein ablehnender Impuls als Antwort zurückkommt. Intuitiv erspüre ich: »Dieser Stein möchte mit« oder: »Dieser eher nicht«. Einzelne Steine »leuchten« mir förmlich schon von Weitem entgegen, irgendwie springen sie mir eindeutig ins Auge. Oder mein Blick fällt plötzlich darauf. Ich schaue auf den Boden, und meine Augen fokussieren (ohne mein bewusstes Zutun!) genau auf einen ganz bestimmten Stein. Kurz, der erste Kontakt kommt bei mir persönlich in der Regel über den Blick zustande. Andere Menschen spüren eher, welcher Stein zu ihnen passt. Manche Menschen sprechen mit den Steinen. Wenn du vielleicht schon einmal mit einem Baum kommuniziert hast, verstehst du, was ich meine.

Du brauchst also nicht angestrengt nach den richtigen Steinen Ausschau zu halten. Bleibe einfach gelassen und empfänglich, dann wirst du bemerken, dass es eher umgekehrt ist: Die Steine suchen oder rufen nach dir. Ohne dass du mit scharfem Jägerblick auf der Lauer bist, gehst du einfach ganz entspannt mit weitem, sanftem Blick spazieren, und schon bald leuchtet dir der erste Stein förmlich entgegen. Es scheint fast so, als ob er von einem Lichtschein sanft beleuchtet würde. Oder dein Blick fällt wie zufällig aber ganz eindeutig auf einen bestimmten Stein. Oder du spürst plötzlich körperlich einen Impuls, dich genau jetzt zu bücken und nach einem ganz bestimmten Stein zu greifen, der direkt zu deinen Füßen liegt.

Die SOURCE-Steine in der freien Natur zu suchen beziehungsweise zu finden ist nur eine Möglichkeit. Vielleicht besitzt du ja bereits geeignete Steine. Oder du möchtest dir – auch das kann ein ausgesprochenes Vergnügen sein! – in einem schönen Laden eine kleine Sammlung von kleineren Edelsteinen (mit etwa 1 bis maximal 3 cm Durchmesser) extra für diesen Zweck zusammenstellen und kaufen. Auch dabei kannst du ähnlich vorgehen wie oben beschrieben, um dich zu entscheiden, welche Steine du dort kaufst. Du kannst einzelne Steine sanft in die Hand nehmen und erspüren, ob sie für die SOURCE-Arbeit zu dir wollen. Meistens erzähle ich innerlich den Steinen, wofür ich ihre Mitarbeit brauche.

Reinigung und Aufladen der Steine

Ob man die Steine vor der SOURCE-Arbeit reinigen solle, wurde ich gelegentlich gefragt. Viele Heiler, die mit Edelsteinen oder Kristallen arbeiten, sind fest davon überzeugt. Sie reinigen ihre Steine, indem sie diese für eine Weile unter fließendes Wasser oder in eine Schale mit Meersalz legen. Manche legen ihre Steine eine Zeitlang in eine größere Amethyst-Kristalldruse oder ins helle Sonnenlicht oder auch in das helle Licht einer Vollmondnacht. Du kannst die Steine auch mental mit einem goldenen oder violetten Energiestrahl reinigen.

Ich persönlich reinige meine SOURCE-Steine nur sehr selten. Das liegt daran, dass die Schwingung und Stimmung einer SOURCE in der Regel leicht, weit und lichtvoll ist. Ich selber lege meine SOURCE-Steine gerne, wenn sich die Gelegenheit dafür ergibt, für eine Weile auf einen großen Felsen in einer natürlichen Umgebung. Ich mache das weniger, um die SOURCE-Steine zu reinigen, als um sie mit der Kraft lebendiger Natur neu aufzuladen. Die Steine lieben den Kontakt zur Natur. Sie lieben Vogelgezwitscher, Grillenzirpen, Morgentau im Gras, auf duftendem Waldboden oder in der Sonne zu liegen oder in oder an einem gluckernden Bach. Sie reisen auch gerne mit dir zu Kraftplätzen in der Natur oder zu anderen heiligen Orten wie Kathedralen oder Klöstern.

Du kannst Edelsteine alleine durch deine entsprechende Absicht so programmieren, dass sie nach einer SOURCE alle Energien sofort loslassen, die sich bei zukünftigen Sessions ungünstig auswirken könnten. Gleichzeitig speichern sie jedoch alles, was sich zukünftig unterstützend auswirken wird. Die SOURCE-Steine werden im Laufe der Zeit kraftvoller und die SOURCE-Sitzungen schneller und präziser.

Am besten folgst du, was die Reinigung und das Aufladen der Steine betrifft, deiner inneren Stimme, deiner inneren Führung. Tu, was deine Intuition dir rät. Folge deinem Gefühl oder den feinen Impulsen, die du beim Arbeiten mit den Steinen erspürst. Alles, was du für die SOURCE-Arbeit wissen musst, wird zu dir kommen – ganz von alleine, genau zum richtigen Zeitpunkt und so, dass es sich für dich stimmig und angemessen anfühlt und leicht für dich umzusetzen ist.

Ideal wäre es allerdings, wenn du dein SOURCE-Steine-Set wirklich nur für diesen einen Zweck benutzt. Gerade Schmucksteine wie Bergkristalle oder Rosenquarze laden sich im Laufe der Zeit, mit jeder SOURCE, die du damit gearbeitet hast, immer mehr auf. Sie speichern die wunder-bare, erlösende Heilungs-, Inspirations- und Klärungsenergie, die jede Session mit sich bringt. Sie wirken damit in jeder nachfolgenden SOURCE immer noch ein bisschen kraftvoller. Deshalb vergiss bitte nicht, dich nach jeder SOURCE nicht nur bei der Kraft »aus der Quelle«, die dich und die SOURCE geleitet und geschützt hat, zu bedanken, sondern insbesondere auch bei deinen Steinen.

Ablauf einer SOURCE Schritt für Schritt

1. Einstimmung

SOURCE zu praktizieren heißt, das angestrengte Nachdenken darüber, wie deine aktuelle Situation verändert und dein Problem gelöst werden könnte, für eine Weile wegzulassen. Stell dich darauf ein, im Verlauf der SOURCE nicht zu wissen, was sich im nächsten Moment – aus sich selbst heraus, aus dem SOURCE-Prozess heraus – entwickeln wird. Gib für die nächste Stunde die Kontrolle an eine höhere Macht ab. Gehe ganz mit dem Fluss und vertraue.

Dieses Orakel zu befragen, ist ein heiliger* Akt. Du solltest deshalb der SOURCE angemessen Raum geben. Sorge dafür, dass du währenddessen ungestört bist. Stelle beispielsweise dein Handy ab

* »Heilig bezeichnet etwas Besonderes, Verehrungswürdiges und stammt wortgeschichtlich von Heil ab, was sich abgeschwächt noch in heil (»ganz«) wiederfindet (vgl. englisch: holy, »heilig«, von whole, ganz).« (Quelle: de.wikipedia.org/wiki/Heilig, Abruf: 12.1.2015)

oder arrangiere alles so, dass deine Kinder oder Mitbewohner dich nicht unterbrechen.

Gib dir selber mit jeder SOURCE eine kleine Auszeit und verlasse damit bewusst den Trott deines Alltagslebens. Vielleicht magst du eine Kerze anzünden oder legst eine sanfte, instrumentale Musik auf. Lege dir Stift und Papier bereit. Neben deinen SOURCE-Steinen brauchst du eine Kamera und eine geeignete Unterlage zum Werfen und Fotografieren der Steine. Schon während der Vorbereitungen kannst du vom rational denkenden, aktiv kontrollierenden Alltagsbewusstsein in einen eher meditativ-ruhigen und rezeptiven Bewusstseinszustand wechseln.

Vor der eigentlichen Stein-Konstellationsarbeit ist es gut, zunächst einen Moment innezuhalten. Beginne mit einem kleinen Gebet oder, sofern du meditieren kannst, gehe für ein paar Minuten in die Stille. Du kannst stattdessen aber auch genauso gut für eine Weile eine Blume oder ein schönes Bild betrachten oder einer erhebenden, ruhigen Musik lauschen.

Bitte innerlich um Führung! Von Gott, wenn das für dich stimmt, oder durch einen Engel, (d)einen Meister oder deine Seele. Du übergibst damit die Führung für den Verlauf der ganzen SOURCE »nach oben« ab – an den »Great Spirit« würden die amerikanischen Ureinwohner sagen. Du wirst merken, welche Erleichterung allein schon das mit sich bringt und wie wohltuend es ist.

Entspanne dich, denn ab jetzt wirst du beschenkt. Mache dir in diesem Moment vielleicht auch noch einmal bewusst, dass diese Methode der Problem-Klärung schon seit Jahrtausenden von Schamanen, Medizinmännern und -frauen, Weisen und Heilern überall auf der Welt so oder in ähnlicher Weise praktiziert wurde. Die amerikanischen Ureinwohner rufen deshalb in solchen Momenten immer auch den Beistand und die Weisheit ihrer Vorfahren an. Den unendlichen Erfahrungsschatz, den unsere Ahnen über viele Generationen hinweg gesammelt haben, stellen sie uns gerne zur Unterstützung zur Verfügung.

All dies sind lediglich Anregungen. Spüre nach, was sich für dich persönlich richtig und stimmig anfühlt. Wichtig ist jedoch, dass du einen Weg findest, um von Anfang an und für die ganze Dauer der SOURCE-Sitzung die Verantwortung für den Verlauf bewusst an eine höhere Instanz abzugeben. Das ist eines der Schlüssel-Elemente jeder SOURCE. Wenn du die SOURCE-Methode regelmäßig für dich nutzen möchtest, gestalte ein für dich passendes, dich gut einstimmendes Ritual, um deine SOURCEs angemessen energetisch zu eröffnen. Weitere Vorschläge und Anregungen findest du weiter hinten im Buch.

Sollte es im Verlauf der SOURCE wider Erwarten zwischendurch doch einmal anstrengend oder zäh werden, ist es in der Regel gut, sich an das Gebet beziehungsweise den Einstieg zu Beginn der SOURCE-Session zu erinnern. Weil eben doch leider manchmal – vor allem, wenn der Prozess deutlich länger als eine Stunde dauert – der Intellekt und das Ego es schaffen, wieder die Führung zu übernehmen.

2. Thema festlegen

Wähle eine Situation, über die du mehr Klarheit haben möchtest oder in der sich etwas zum Besseren verändern soll. Halte das Thema, die Situation, so wie du sie derzeit erlebst, kurz in wenigen Sätzen schriftlich fest. Falls es dir jetzt schon möglich ist, kannst du auch das Ziel der SOURCE, also das Ergebnis, das du dir wünschst und erhoffst, notieren. Das ist – falls es dir jetzt (schon) möglich ist – insofern hilfreich, weil es deine Absicht für die bevorstehende SOURCE-Session noch klarer macht. Es verstärkt deine innere Ausrichtung.

Vielfach ist jedoch – gerade in wirklich verworrenen Situationen – zu Beginn einer SOURCE eine solche positive Ziel-Vision noch gar nicht greifbar. Dann brauchst du dich an dieser Stelle damit auch nicht weiter zu belasten. Das Schöne an einer SOURCE ist, dass zu einem späteren Zeitpunkt das Ziel beziehungsweise eine positive Ziel-Vision wie von alleine auftaucht. Dann finden selbst Menschen, die vorher noch nie mit positiven Zielformulierungen gearbeitet haben, leicht und klar ihre künftige Ausrichtung.

Es ist wichtig, dass die Fragestellung, das Thema, die Situation, die du mit einer SOURCE durchleuchten, transformieren oder erlösen möchtest, dir am Herzen liegt und du sie vorher schon eine Weile durchdacht hast. Genauso wie bei anderen Orakelmethoden wie dem Legen von Tarotkarten oder dem Werfen des I Gings, gilt auch für eine SOURCE: Je wichtiger dir die Fragestellung und das Thema sind, je ernsthafter du dich der Orakelmethode näherst und anvertraust, um so konkreter und deutlicher werden die Ergebnisse sein.

Das Thema sollte keine Frage sein, die du nur aus Neugierde stellst oder nur zum Spaß. Auch reine Ja-Nein-Fragen sind nicht für eine SOURCE geeignet.

3. Wer oder was beeinflusst das Thema?

Nun erstellst du für dein Problem oder Thema eine Liste der Personen und Einflussfaktoren, die diese Situation beeinflussen. Das sind dann die Player (auf dt.: Spieler) in der nun folgenden SOURCE. Das können Menschen sein, wie zum Beispiel deine Mutter, dein Chef oder dein Kind. Auch Personengruppen sind denkbar, wie zum Beispiel die Geschäftsführung, die Schulklasse, meine Klienten, das Team, unsere Kundschaft. Es können auch Qualitäten oder Charaktereigenschaften sein, wie beispielsweise Mut, Vertrauen oder Ehrlichkeit. Oder es können innere Anteile von dir sein, wie zum Beispiel dein inneres Kind, der innere Kritiker oder der innere Saboteur. Im Anhang findest du zur Anregung Listen, welche Player es in einer SOURCE-Konstellation geben könnte.

Die beteiligten Player werden in der Regel schnell deutlich, wenn du das Thema beziehungsweise das Problem mündlich oder schriftlich schilderst. Dabei solltest du so tief ins Thema oder Problem einsteigen, dass du die Player beziehungsweise die beteiligten Einflüsse klar benennen kannst. Gelingt das nicht ausreichend, wirst du dies später beim Arbeiten mit der geworfenen Stein-Konstellation merken. Dann ist es jedoch immer noch möglich, wichtige fehlende Player nachträglich zu ergänzen.

Bei der SOURCE zum Scheidungsprozess einer Freundin haben wir beide erst nach einer ganzen Weile bemerkt, dass sie selber gar nicht in der Stein-Konstellation repräsentiert war. Es gab Steine für ihren Ehemann und dessen Geliebte, für seinen Sohn, ihre Tochter und das gemeinsame Vermögen. Alles war vertreten, nur sie selber fehlte komplett in dieser Konstellation. Das war bezeichnend für ihre momentane Situation. Denn das war genau ihr Problem, dass sie sich stets um das Wohlergehen von allen anderen kümmerte, nicht aber ausreichend für sich selber sorgte. Das hat sie dann in der Ziel-Konstellation verändert.

Konzentriere dich bei der Playerliste auf die Einflüsse, die wirklich am wichtigsten sind. Werden es mehr als zehn Player, wird die Stein-Konstellation schnell unübersichtlich und es wird deutlich anstrengend(er), den unbeschwerten, intuitiven Fluss zu erhalten.

Meistens stellt sich ohnehin heraus, dass es nur wenige Player sind, deren Einfluss den Kern des Problems ausmacht. Das wirst du später daran bemerken, dass, sobald du deren Position geschickt veränderst, die Problem-Konstellation mit einem Schlag ihre Anspannung verliert.

4. Zuordnung der Player zu den Steinen

Nachdem du die Player-Liste schriftlich erstellt hast, wählst du nun für jeden Player einen Stein aus, der ihn repräsentiert. Wieder kann es gut sein, dass dir hierbei einer der Steine besonders ins Auge sticht, wenn du beispielsweise an deinen Chef denkst oder deinen Stress. Oder du kannst mit geschlossenen Augen und mit flach über den Steinen ausgestreckter Handfläche erspüren, wo es dich hinzieht. So wählen viele Menschen auch Tarotkarten oder Bachblüten aus.

Entspanne dich auch hier und vertraue deiner Intuition. Mache dich innerlich möglichst frei von Erwartungen. Wenn du deine linke Herz-Hand mit etwas Abstand über den Steinen hältst, kannst du höchstwahrscheinlich fühlen, dass sich einige Steine irgendwie »anders« (wärmer, kälter oder sonstwie anders) anfühlen als die anderen, wenn du an einem bestimmten Player denkst. Für manche Menschen fühlt es sich an, als sei da plötzlich ein Vakuum unter ihrer Hand, so dass es ihre Hand förmlich hinzieht zu einem bestimmten Stein.

Du kannst die Steine aber auch nach Farbe und Form auswählen oder sie per Zufall nacheinander aus einem Säckchen oder Gefäß ziehen. Wie bei allem, was die SOURCE-Konstellationsarbeit betrifft, bleibe entspannt und locker, schicke deine Ansprüche eine Weile auf Urlaub. Vertraue ganz deinem Gefühl und dem, was sich aus dem Spiel heraus entwickelt. Vertraue deiner Intuition und, ganz gleich, wie du jetzt auswählst, es wird immer passen. Du kannst hier keine Fehler machen.

Das Gute an der SOURCE-Arbeit ist, dass dir zu Beginn eben noch nicht klar sein muss, wie die einzelnen Player miteinander verwoben sind beziehungsweise wo genau der Kern deines Problems liegt. Das ist eins der Geschenke dieser Orakelarbeit, dass sich dabei die innere Struktur der (Konflikt-)Situation und die inneren Zusammenhänge des Themas ganz von alleine offenbaren – und das ganz verlässlich jedes Mal! Das ist das Großartige: Die eigentliche »Arbeit« geschieht von alleine, sie wird »für dich getan«. Alles was du tun musst, ist möglichst entspannt und offen zu bleiben und dem Prozess zu vertrauen.

In den meisten Fällen ist es kaum möglich, sich die Zuordnung der Player zu den einzelnen Steinen zu merken. Genau das ist aber zu Beginn einer SOURCE sogar hilfreich, da du dann die geworfene Stein-Konstellation völlig unvoreingenommen und ganz objektiv betrachten und analysieren kannst.

Später, im nächsten Schritt ist dann jedoch die inhaltliche Bedeutung der Steine wesentlich. Deshalb ist es erforderlich, neben der Auflistung der beteiligten Player unbedingt auch deren Zuordnung zu den einzelnen Steinen nachvollziehbar zu erfassen.

Du kannst dafür eine Tabelle, beispielsweise in der folgenden Form (Kopiervorlagen findest du im Anhang), erstellen:

Stein	Player-Rolle
Bergkristall	
Rosenquarz	
Bernstein	
Jade	
Tigerauge	
(usw.)	

In der ersten Spalte wird das (immer wieder) verwendete SOURCE-Steine-Set erfasst. Diese Tabelle kannst du dir dann (bereits mit den Stein-Namen) mehrfach kopieren. Die aktuell zugeordneten Player werden dann jeweils rechts daneben eingetragen.

Bei der SOURCE-Arbeit mit anderen ist mir bewusst geworden, dass (natürlich) nicht jeder einen Bernstein oder Rosenquarz kennt. Deshalb ist das Arbeiten mit den Steine-Namen für manche Menschen unnötig anstrengend oder sogar zusätzlich verwirrend. Für den Fall kann man zusätzlich eine Nummerierung der Steine einführen, mit deren Hilfe du dann über die Player-Steine-Zuordnung für jeden verständlich kommunizieren kannst:

Nr. des Steins	Stein	Player-Rolle
1	Bergkristall	....
2	Rosenquarz	....
3	Bernstein	....
4	Jade	....
usw.		
usw.		

Alternativ lässt sich die Zuordnung der Steine für jeden verständlich auch schnell mit einem Foto erfassen:

Abb. 10

Später in der SOURCE ist es dann notwendig, die inhaltliche Bedeutung jedes Steins zu kennen und zu wissen, welchen Einflussfaktor er vertritt. Deshalb entstand bald die nächste Idee, in der obigen Tabelle die Nummern-Spalte zu duplizieren, so dass du die erste Spalte ab- beziehungsweise die Nummern ausschneiden kannst, um dann mit diesen kleinen Nummern-Zettelchen die Steine in der Konstellation (vorübergehend) zu beschriften.

Nr.		Stein	Player-Rolle
1	1	....	
2	2	....	
3	3	....	
4	4		
...	...		
...	...		
...	...		

Abb. 11: Steine in der Konstellation durch Nummern identifiziert

Eine leere Kopiervorlage für eine solche Tabelle findest du auch im Anhang.

5. Werfen der Ausgangs-Konstellation

Nun kommen wir zum eigentlichen Stein-Orakel. Die SOURCE-Arbeit bringt die Magie der Kraftplätze amerikanischer Ureinwohner und Schamanen zu dir nach Hause. Auf deinen Küchentisch!

a) Wahl der Unterlage

Du verwendest als Unterlage am besten ein einfarbiges Tuch in einer Farbe, die dir persönlich gut gefällt. Ich selber besitze mittlerweile mehrere verschiedene SOURCE-Tücher, weil der Farbgeschmack oft mit dem Thema wechselt beziehungsweise zusammenhängt. Du solltest darauf achten, dass sich deine Steine für das Foto deutlich vom Untergrund abheben. Ich habe bei meinen ersten SOURCE-Sitzungen ein knallrotes Tuch als Untergrund benutzt und bin dann später wegen der Fotos für längere Zeit zu einem weißen Tuch gewechselt. Als ich dann wieder später meine verschiedenen SOURCE-Bilder betrachtet habe, habe ich im Vergleich bemerkt, dass der rote Untergrund für mich von vorne herein die Fotos stärker energetisiert hatte. Deshalb schaue nicht nur danach, wie sich die SOURCE am leichtesten fotografieren lässt. Experimentiere ein bisschen mit verschiedenen Stoffen und Farben, bis du den Untergrund findest, der dich am kraftvollsten unterstützt. Das kann eventuell auch je nach Themenstellung wechseln. Achte beim Material des Tuches und der Art, wie du es lagerst, darauf, dass es keine Liegefalten bekommt.

Ich rate dir, dir extra für deine SOURCE-Arbeit ein geeignetes Tuch (oder, wie gesagt, auch mehrere) zuzulegen, was du auch nur für diesen Zweck benutzt. Damit setzt du, wie man im Coaching sagt, einen sogenannten Anker*. Schon allein das Ausbreiten dieses Tuches wird es dir jedes Mal leichtermachen, in den entspannten, absichtslosen SOURCE-Zustand zu kommen.

* »Ankern ist der Vorgang des bewusst herbeigeführten Verbindens bestimmter Reize mit bestimmten Reaktionen. (…) Anker werden eingesetzt, um ressourcenvolle Zustände gezielt herbeiführen zu können.«
(Quelle: http://nlpportal.org/nlpedia/wiki/Anker, letzter Abruf 12.1.2015)

b) Das Werfen der Steine

Dann wirfst du die erste Stein-Konstellation, die dir Hinweise über die Zusammenhänge oder Hintergründe deines Themas liefern wird. Umschließe dazu die ausgewählten Player-Steine ganz locker mit beiden Händen. Sind die Steine deutlich kühler als deine Hände, warte ein Weilchen.

Stelle dir vor, wie aus deinen Händen Wärme und Energie in die Steine fließt. Dann schüttele die Steine locker und sanft im Raum zwischen den beiden Händen. Danach halte für einen kurzen Moment inne.

Nimm noch einmal bewusst Kontakt zu den Steinen in deinen Händen auf. Erinnere dich dabei an deine Anbindung an die höhere Führung. Bitte innerlich noch einmal kurz um Unterstützung. Denke auch noch einmal kurz an dein Thema, was du heute bearbeiten möchtest und bitte darum, dass die geworfene Konstellation die derzeitige Situation klar verdeutlichen wird.

Dann öffnest du die Hände und wirfst die Steine sanft auf die Unterlage. Nach Werfen der Stein-Konstellation fotografierst du diese als erstes. Mit dem Foto wirst du später weiter arbeiten.

6. Die geworfene Stein-Konstellation interpretieren

Nun betrachte die geworfene Stein-Konstellation: Was fällt dir spontan auf? Gibt es auffällige Abstände, große Entfernungen oder große Nähe zwischen einzelnen Steinen? Gibt es Cluster oder Gruppen, die dicht(er) zusammenliegen oder imaginäre Trennlinien? Welcher Stein bildet das Zentrum, welcher liegt am Rand?

Erstelle schriftlich eine Liste der Auffälligkeiten. Höchstwahrscheinlich hast du jetzt nicht mehr ganz genau im Kopf, welche Bedeutung beziehungsweise welche Rolle welcher der Steine spielt. Das ist, wie gesagt, zu diesem Zeitpunkt sogar förderlich, weil du so ganz objektiv, ohne etwas hineinzuinterpretieren betrachten und notieren kannst.

Die Auffälligkeiten sind bei jeder SOURCE anders. Aber keine Sorge, sie springen dir sofort ins Auge. Beispielsweise habe ich schon öfter erlebt, dass beim Werfen sofort einer der Steine vom Tisch gefallen ist. Bei einer SOURCE ist auch schon einmal einer der Steine beim Aufschlagen auf den Tisch in mehrere Splitter zersprungen. Wir mussten erst nachschauen, welche Bedeutung er hatte, denn wir hatten es beide in der Vielfalt der Steine aus den Augen verloren: Er repräsentierte die Angst der Fragestellerin.

Es ist schon vorgekommen, dass jemand einen Stein deshalb für eine Player-Rolle ausgewählt hatte, weil dieser so schön und strahlend aussah. Beim Wurf landete dieser Stein dann jedoch plötzlich anders herum, mit der strahlenden Seite nach unten, und seine Rückseite war unerwartet unscheinbar und grau. Häufig landen einzelne Player ganz offensichtlich im Abseits. Andere formen zusammen ganz harmonisch einen (Halb-)Kreis, ein Dreieck oder eine andere geometrische Form. Manche knubbeln sich so eng zusammen, dass keiner von ihnen so richtig zum Liegen kommt. Oder ein Stein liegt genau auf einem anderen. Was das dann zu bedeuten hat, hängt jeweils ganz von der konkreten Bedeutung deiner Player ab.

Erst nachdem du alle Auffälligkeiten in der Stein-Konstellation schriftlich notiert hast, nimmst du die inhaltliche Bedeutung der Steine aus deiner Playerliste dazu. Damit ist die Interpretation in der Regel erstaunlich einfach. Es ergeben sich dabei Sätze wie zum Beispiel: »Die Furcht liegt auf der erfolgreichen Geschäftsidee.« Oder: »Der Herzenswunsch ist sofort unter den Tisch gefallen.«

In einer SOURCE, die ich begleitet habe, ging es der Betreffenden um ihre Beziehung zum jüngsten Sohn. Zwischen den beiden Steinen, die Mutter und Sohn repräsentierten, lagen die Ängste dieser Mutter und ihre Schwiegermutter.

Ich denke, du hast nun eine Idee bekommen, wie die Interpretation der geworfenen Stein-Konstellation aussehen kann. Weitere Hinweise findest du auch im später folgenden Beispiel-Kapitel.

7. Der Weg zur Ziel-Konstellation

Nachdem das Wechselspiel der Wirkkräfte in der derzeitigen Situation mit Hilfe der geworfenen Stein-Konstellation transparenter geworden ist, geht es nun im nächsten Schritt darum, eine neue, kraftvolle und heilende Ziel- oder Lösungs-Konstellation zu finden.

Der Weg von der Ausgangs-Konstellation zu einer befreiten, befreienden Ziel-Konstellation: Das Verschieben der Player
Dazu wirst du nun intuitiv und behutsam die Position einzelner Steine in der Konstellation verändern. Dabei geht es nicht darum, dass du offensiv irgendein konkretes Ziel anstrebst und dir irgendeine Lösung, die du intellektuell attraktiv findest, er-schiebst oder erarbeitest. Sondern auch hier – und ganz besonders hier! – ist es wichtig, weiterhin aufnahmebereit und offen zu sein.

Lasse dich gerade jetzt langsam Schritt für Schritt intuitiv weiter führen. Wenn man in einer Krise feststeckt, ist es ja gerade das Problem, dass man selber eine gute, geeignete Lösung oder das tatsächlich vorhandene Veränderungspotenzial nicht erkennen kann.

Wir können Probleme nicht auf derselben Ebene lösen, auf der sie verursacht wurden. (Albert Einstein)

Wir sind in der Regel selber gar nicht in der Lage, den »großen Plan« hinter den Dingen zu erblicken. Wir können derzeit (noch) nicht erkennen, welche Chancen und potentiellen Möglichkeiten diese Krise oder ein bestimmtes Problem in sich birgt. Mit einer Ziel-Konstellation, die du dir intellektuell-rational erarbeitest, schränkst du wahrscheinlich die wahre Weite, die da vor dir liegt, erheblich ein.

Jedes Problem will dir etwas sagen. Es möchte dich auf eine erforderliche Kurskorrektur hinweisen. Diese wertvollen Hinweise warten schon auf dich. Aber dazu musst »du« beziehungsweise dein Ego aus dem Weg treten: Lasse es zu, dass sich dir die Lösung während dieser SOURCE von sich aus zeigt. Bei einer SOURCE offenbart sich das Tiefste, Wahrste, das Beste und Heilendste, was dir (und allen an der Situation Beteiligten) zurzeit offensteht. Und das ist in der Regel größer, weitreichender, wunder-barer und gleichzeitig einfacher, als du es dir selber vorher hättest vorstellen können.

Aber kehren wir zurück zu deiner Stein-Konstellation: Welchen Impuls verspürst du (ohne lange nachzudenken), die SOURCE zu verändern, zu verschieben? Probiere es aus. Du kannst dabei nur gewinnen, nichts verlieren, denn die ursprüngliche SOURCE hast du ja mit deiner Digitalkamera fotografiert. Du kannst sie also jederzeit wieder herstellen.

Was müsste wohin verschoben oder wie verändert werden, damit das Bild für dich harmonischer, friedlicher oder gesünder würde? Was müsstest du verändern, damit du dich besser fühlst und die Situation gleichzeitig entschärft wird?

Du verschiebst ganz behutsam nacheinander einzelne Steine, solange bis die Stein-Konstellation ihre Spannung verloren hat und erlöst oder befreit ist. Versuche währenddessen deinen Intellekt, dein Ego möglichst draußen zu halten. Lasse dich die ganze Zeit von deiner Intuition und deinem Bauchgefühl leiten.

Du wirst es spüren, wenn du deine Ziel- oder Heil-Konstellation gefunden hast. Dein Körper, dein Bauchgefühl, dein Herz oder deine Intuition werden es dir deutlich, ganz deutlich zurückmelden. Sobald die veränderte Konstellation stimmig ist, verspürst du ein Gefühl der Erleichterung.

Oft gibt es eine Art inneres Aha-Gefühl. Manchmal geschieht das ganz plötzlich, nachdem du irgendein Steinchen nur ein bisschen weiter gerückt hast. In jedem Fall wird es für dich – im Gegensatz zur ersten Stein-Konstellation – sehr viel angenehmer sein, dieses veränderte Bild anzuschauen und zu erspüren.

Beim Verschieben der einzelnen Steine solltest du dir Zeit lassen und behutsam vorgehen. Denn du wirst bemerken, dass, sobald du auch nur einen der Steine verschiebst, sich dadurch unmittelbar die Ausstrahlung und die Energie der gesamten Konstellation verändern. Das muss nicht unbedingt bei jedem Stein so sein, aber es wird bei den meisten so sein. Und sobald einer der Steine an einer anderen, neuen Stelle liegt, kann es gut sein, dass nun die nächste Verschiebungs-Idee, die du ursprünglich geplant hattest, gar nicht mehr passt. Das heißt, nach jeder einzelnen Veränderung musst du immer wieder neu hinspüren, welches jetzt der nächste Schritt und dein nächster Zug ist.

Nach welchen Kriterien man verschiebt, fragst du dich jetzt vielleicht? Dafür gibt es keine universell gültigen Regeln, jedoch zwei Anhaltspunkte.

Zum einen kannst du dabei natürlich inhaltlich vorgehen. Wenn beispielsweise zwischen dir und deinem Projekt eine Blockade liegt, kannst du versuchen, diese zu verschieben oder auch ganz zu entfernen.

Dabei solltest du jedoch den zweiten Anhaltspunkt beachten, nämlich bei jeder Verschiebung immer intuitiv die Schwingung und Ausstrahlung der gesamten Konstellation mit zu berücksichtigen. Vielleicht kennst du Ikebana, die japanische Kunst wunderschöne Blumengestecke zu kreieren? Mit wenigen Blumen oder Blüten, ein paar Zweigen und etwas Grün werden in meditativem Zustand luftige und in sich perfekt stimmige Gestecke erschaffen. Die Kunst besteht dabei darin, die verschiedenen Farben und Formen sowie auch den leeren Raum dazwischen in idealen Abstand und Winkel zueinander zu setzen.

Ganz ähnlich verhält es sich mit den SOURCE-Konstellationen: Das Gesamtbild, das ganze Gefüge, die Abstände und die Lage der Steine zueinander werden optisch und damit energetisch harmonisiert. Die Ziel-Konstellationen strahlen eine gewisse Ruhe aus. Eine innere Ordnung, die vorher aus dem Gleichgewicht geraten war, wird damit wieder hergestellt.

Diesen zweiten Anhaltspunkt solltest du immer mehr beachten als den ersten, den inhaltlichen. Es kann beispielweise so etwas passieren: Du möchtest gerne die Angst, die in der geworfenen Konstellation zwischen dir und einem neuen Projekt liegt, beiseiteschieben oder sogar ganz aus der Konstellation nehmen. Aber du merkst, wenn du objektiv und intuitiv hinfühlst, dass das nicht stimmig ist. Du kannst diesen Angst-Stein da nicht wegnehmen, denn er gehört einfach, optisch und energetisch, mit in diese Konstellation. Ohne diesen Stein geht ganz eindeutig etwas verloren, das Bild verliert insgesamt an Balance. In der später folgenden Beispiel-Session 2 wird eine vergleichbare Situation beleuchtet.

Sehr selten ist es vorgekommen, dass nach einer Weile die Ursprungs-Konstellation ziemlich verlorengegangen war, aber derjenige sich mit der neuen, veränderten Konstellation genauso wenig wohlfühlte wie mit der anfänglichen. Das ist einer der Gründe, warum du die erste Konstellation sofort fotografieren solltest. Wenn du einmal gar nicht richtig weiterkommen solltest, dich sozusagen »verlaufen« hast (was aber nach meiner Erfahrung sehr selten vorkommt!), dann kehrst du einfach noch einmal zurück zur geworfenen ersten Stein-Konstellation. Die hattest du ja im ersten Foto festgehalten.

Mache eine kurze Pause, entspanne dich noch einmal bewusst und erinnere dich daran, dass du die Verantwortung für den Veränderungs-Prozess an die Quelle abgegeben hattest. Dann beginnst du ganz in Ruhe und voller Vertrauen noch einmal von vorne mit der Veränderung der ursprünglichen Stein-Konstellation.

Du kannst zusätzlich auch neue Steine in die Konstellation legen. Beispielsweise könntest du bei einer schwierigen Situation im Beruf, Mut, Durchsetzungsvermögen oder die Fähigkeit, nein zu sagen, zu dem Stein legen, der dich selber repräsentiert.

Sobald du eine Ziel-Konstellation erreicht hast, wirst du das eindeutig spüren und erkennen. Auch diese veränderte Stein-Konstellation fotografierst du bitte, sobald du das Gefühl hast, dass sie so, wie sie jetzt ist, stimmig und kraftvoll für dich ist. Mache ein Foto, sobald du ein deutliches Gefühl der Erleichterung oder der Harmonisierung verspürst.

Es ist kaum mit Worten zu beschreiben, was da geschieht. Du wirst es selber beim ersten SOURCE-Versuch erleben: Wie dein ganzes System, deine Intuition, dein Bauchgefühl oder dein Herz – manchmal geschieht das ganz plötzlich, nachdem du irgendein Steinchen nur ein bisschen weitergerückt hast – sich befreit entspannt. Alleine der Anblick beziehungsweise das Sich-Hineinspüren in die neue Stein-Konstellation bringt dir dann eine deutliche Erleichterung.

Die veränderte Ziel-Konstellation ist oft gar nicht so viel anders, als die erste, die Ausgang-Konstellation. Das ist auch realistisch, denn du willst ja nicht dein Leben vollständig umkrempeln, sondern mit möglichst wenig Einsatz leicht und stimmig zum Ziel kommen. Die erste geworfene Stein-Konstellation vermittelt – oft schon, ohne dass du auf die inhaltliche Bedeutung der Steine achtest – allein optisch und energetisch ein Gefühl der Disharmonie. Die zweite strahlt dagegen in der Regel allein optisch schon eine gewisse Harmonie aus. Eine Art innerer Ordnung wurde hier wiederhergestellt. Das ist der Moment, an dem der Stein-Konstellationsprozess abgeschlossen ist. Denke daran, dass du jetzt wieder ein Foto machst!

8. Das SOURCE-Ergebnis als Zielsatz formulieren

Aus den Inhalten der in der Ziel-Konstellation vorhandenen Player sowie der Art, wie diese Player in der Konstellation zueinander liegen, lässt sich in der Regel relativ leicht ein Ergebnissatz herleiten. Schaue dir die Konstellation an und fasse nun dieses Bild in einem Satz zusammen. Du nimmst dabei die inhaltliche Bedeutung der Player-Steine zu Hilfe.

Schreibe den Ziel-Satz unbedingt auf. Alleine schon das Aufschreiben bringt dein Ziel und die erlöste Situation durch die Worte auf dem Papier ein Stück weiter in die physische Realität. Eine Zielvision wirkt immer kraftvoller, wenn man sie aufschreibt, als wenn man nur mental im Kopf darüber nachdenkt.

Sollte es dir einmal nicht gelingen, eine solche Ziel-Affirmation zu finden, bleibe gelassen. Du kannst auch mit den Fotos alleine weiterarbeiten. Gelegentlich kam der Ziel-Satz, die heilende, befreiende und den Prozess unterstützende Affirmation später noch. In einigen Fällen war die Botschaft der Ziel-Konstellation nach ein paar Tagen schlagartig präsent. Sie wurde klar, nachdem derjenige sich ein paar Tage mit den Fotos befasst und ein paar Nächte darüber geschlafen hatte.

Der so gefundene Erlösungs-Satz, die Heilungs-Affirmation hatte in manchen Fällen so viel Kraft, dass dadurch sogar die weitere Arbeit mit den Bildern hinfällig wurde. Ich erinnere mich an eine SOURCE, wo die Betreffende in einer sehr schwierigen beruflichen Situation den SOURCE-Ergebnis-Satz überglücklich ständig innerlich für sich wiederholt hat. Sie konnte damit eine schwierige Krisenzeit der Umstrukturierungen viel leichter durchstehen.

Mir fällt auch das Beispiel einer Frau wieder ein, die überhaupt nicht mit dem Ergebnissatz gearbeitet hat. Sie hat sich, ohne sich an irgendwelche Inhalte oder Zusammenhänge aus der SOURCE zu erinnern, mehrmals täglich allein nur durch das Betrachten des Fotos der Ziel-Konstellation wieder in Balance gebracht.

Wenn du deine Ziel-Botschaft, die Botschaft der erlösten Stein-Konstellation aufschreibst, versiehe sie bitte mit dem aktuellen Datum und verwahre sie sorgfältig. Die Veränderungen nach einer SOURCE geschehen oft so wie nebenbei, so harmonisch, so stimmig, dass man es selber gar nicht bemerkt, dass und wie die Situation sich tatsächlich verbessert oder gelöst hat.

Bei der Formulierung des Ergebnisses einer SOURCE in einem Satz ist es gut, wenn der Wortlaut die Gewissheit, dass du dieses Ziel bald erreichen wirst, widerspiegelt. Also benutze bitte keine Formulierungen wie zum Beispiel: »Ich wünsche mir, dass … (zum Beispiel, dass ich ruhiger werde).« Besser wäre da: »Ich bin/ bleibe völlig gelassen, ganz gleich, was um mich herum passiert.« Oder: »Ich weiß, dass …«

Falls es dir zunächst noch schwerfällt, fest daran zu glauben, kannst du auch mit: »Ich bin offen dafür, dass …« oder mit »Es steht mir zu, dass …« arbeiten.

Stelle dir vor, dass du den Glauben daran in deinem ganzen Körper verankerst. Lasse ihn so in jede Zelle deines Körpers strömen, auch in die Zwischenräume zwischen den Zellen und in den Code deiner DNA.

9. Abschluss

Dankbarkeit wirkt unterstützend auf dem Weg zur Heilung und Befreiung. Sie ist ein wichtiges Element jeder SOURCE, denn Dankbarkeit hat eine starke Kraft und wirkt für die Wunscherfüllung wie ein Magnet.

Bedanke dich deshalb zum Abschluss bei allen Kräften, die dich in dieser SOURCE geführt und geschützt, ermutigt und unterstützt haben. Bedanke dich bei allen Helfern, den Steinen und natürlich der Kraft aus der Quelle, die dir Antwort gegeben und einen neuen Weg aufgezeigt hat. Sie wird dich durch die Fotos auch im nächsten Schritt weiterhin unterstützen, die gefundene Lösung zu aktivieren und in deinem Leben zu verwirklichen.

Es ist wichtig, jede SOURCE in Dankbarkeit abzuschließen, denn das verleiht dem ganzen Prozess noch mehr Kraft – auch deshalb, weil wir mit der Dankbarkeit für etwas unseren Glauben daran bekunden, dass es wirklich funktioniert hat und nun weiter wirkt.

10. Transformations-Arbeit mit den Fotos

Die Transformation und Verbesserung deiner Situation entwickelt sich nun weiter, ohne dass du bewusst viel dazu tun müsstest. Du arbeitest dazu in den kommenden Tagen mit deinen beiden Fotos*: Du legst das Foto der ersten geworfenen Stein-Konstellation links auf den Tisch (oder hältst es in der linken Hand) und legst das Foto der transformierten Ziel-Konstellation rechts daneben (oder hältst es in der rechten Hand). Dann schaust du dir kurz das linke Foto der ersten Konstellation an und wechselst dann mit deinem Blick nach rechts zum Foto der Ziel-Konstellation, wo du eine kurze Weile verharrst. Das wiederholst du einige Male: Kurz das linke Foto anschauen, dann den Blick nach rechts zum zweiten Bild schweifen lassen und da etwas länger verweilen. Das ganze machst du mindestens zweimal täglich für einige Minuten. Das reicht schon.

Dies sind zum Beispiel die beiden Fotos (aus der obigen, ersten Beispiel-Session), mit denen Renate gearbeitet hat:

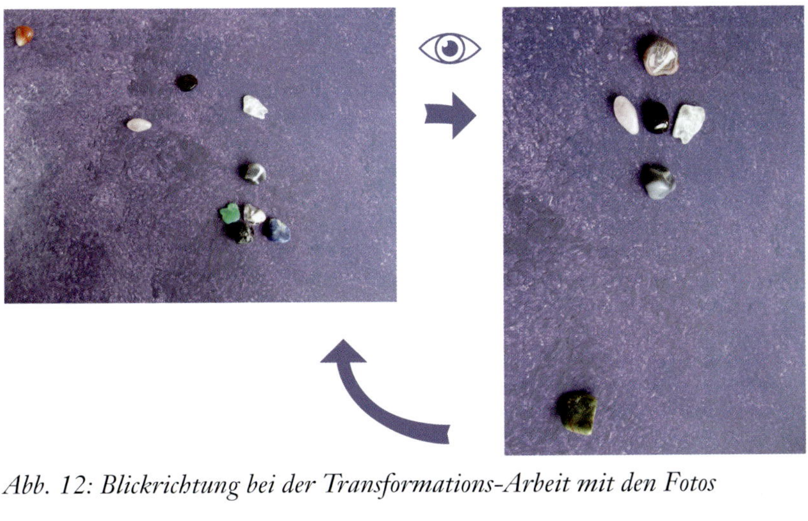

Abb. 12: Blickrichtung bei der Transformations-Arbeit mit den Fotos

* Viele Menschen finden hier professionelle Hochglanzfotos wirkungsvoller als Ausdrucke von ihrem Computerdrucker. Du kannst dir die Hochglanzfotos innerhalb von Minuten in jedem Drogeriemarkt erstellen lassen.

Dein bewusster Einsatz ist dabei minimal: Du schaust dir auf die oben beschriebene Weise die beiden Fotos sieben Tage lang zweimal für je drei Minuten an. Am besten ist es morgens direkt nach dem Aufwachen als erstes und abends vor dem Einschlafen als letztes. Da die Fotos in jede Hand- und Brieftasche passen, kannst du sie natürlich auch als Erinnerung und Energie-Stütze bei dir tragen und sie öfter während des Tages kurz anschauen. Im originalen SOURCE-Prozess wurden jedoch nur die drei Minuten morgens und abends übermittelt. Ich selber mache es auch genau so und das funktioniert gut!

Unter den vielen verschiedenen Menschen (und Themen) für die beziehungsweise mit denen ich mittlerweile »ge- SOURCE-t« habe, haben viele intuitiv ihren eigenen Weg gefunden, mit den Bildern zu arbeiten. Manche stellen sich die Fotos im Büro auf, wo sie diese ständig im Blick haben. Einige konzentrieren sich ausschließlich auf das Ziel-Bild.

Durch die Arbeit mit den beiden Fotos erlernst du auf unbewusster Ebene den Weg vom Problem zum erlösten Ziel, den Weg von Verstrickung und Durcheinander hin zu stabiler, harmonischer Ordnung. Je mehr Tage du dich so mit den beiden Bildern beschäftigst, desto unwichtiger wird allmählich das erste, linke Foto für dich werden und desto mehr und auch länger wirst du dich ganz von alleine auf das Ziel-Bild konzentrieren.

Im Kapitel: »SOURCE ist visuelle Alchemie« gibt es einen Abschnitt: »Sich mit der Energie der SOURCE-Fotos verbinden«. Dort geht es darum, wie du, sobald du das Grundprinzip verstanden hast, die Arbeit mit den beiden Fotos weiter vertiefen kannst.

Du kannst ergänzend zu der Arbeit mit den Fotos auch die Ziel-Konstellation selber, sofern du den geschützten Raum dafür hast, mehrere Tage auf dem Tisch liegen und auf dich wirken lassen.

Es kann passieren, dass du im Laufe dieser Tage wieder vergisst, welche Bedeutung welcher Stein in den Konstellationen hatte. Das behindert den Prozess nicht. Die Transformationsarbeit mit den beiden Bildern funktioniert trotzdem prima, auch wenn man nicht die inhaltliche Bedeutung jedes Steins dabei im Kopf hat. Wichtiger ist da schon dein Ergebnis-Zielsatz, den du, während du die Fotos anschaust, zusätzlich als Affirmation nutzen kannst. Während du die Bilder betrachtest, wiederholst du still in Gedanken oder auch laut ausgesprochen deinen Zielsatz.

Sollte dir die Bedeutung der einzelnen Steine wichtig sein, kannst du die Steine mit einem Permanentmarker auf den Fotos beschriften. Mir persönlich wird dadurch jedoch das Bild zu unruhig. Ich finde, die Stein- beziehungsweise Energie-Konstellation wirkt am besten so für sich, also »pur«. Aber auch das solltest du für dich selber ausprobieren.

Die beiden Fotos sind für dich auch bleibende Erinnerung. Sie sind eine Art visueller Beleg für die SOURCE sowie des dabei erfolgten Transformations- und Erlösungs-Prozesses deines Problems. Ich habe in den letzten Jahren viele unterschiedliche SOURCE-Fotos von vielen verschiedenen Menschen und Themen gesehen. Die meisten der Ziel-Fotos haben auch mich berührt. Ein Gefühl von Richtigstellung, Klärung und innerer Harmonie ist von ihnen auch zu mir übergesprungen, obwohl es gar nicht mein Thema und SOURCE-Prozess gewesen war.

Immer wieder haben sich auch völlig festgefahrene, scheinbar hoffnungslose Problemsituationen, zu denen den Betreffenden wirklich nichts mehr einfiel, nach einer SOURCE völlig und wie von alleine aufgelöst. Dies geschah oft innerhalb von wenigen Tagen. Sie haben sich in nichts aufgelöst, als hätte es sie nie gegeben. So sanft, so natürlich und so grundlegend, dass es dem- oder derjenigen vorkam, als habe es diesen Konflikt nie gegeben. All das ist auch dir zugänglich und möglich, ohne dass du selber aktiv viel dazu beitragen musst – außer ein bis anderthalb Stunden lang einmalig eine SOURCE durchzuführen und danach einige Tage lang für wenige Minuten deine Konstellations-Fotos anzuschauen.

Um die gelernte Methodik für dich noch konkreter und greifbarer zu machen, folgen jetzt die detaillierten Beschreibungen von zwei weiteren SOURCE-Beispielsessions.

Weitere Beispiele aus der Praxis

SOURCE-Beispiel 2

Die Problemsituation

Eine Studentin, nennen wir sie im folgenden einfach Irina, hatte bereits alle Prüfungen für ihr Studium abgelegt und bestanden. Auch das dreimonatige Praktikum in einer Firma hatte sie bereits absolviert. Dort hatte man ihr ein interessantes Thema für die Bachelor-Arbeit angeboten. Sie hatte noch während des Praktikums dafür recherchiert, Literatur zusammengesucht und auch schon einiges zu dem Thema, was sie wirklich interessierte, gelesen. Sie hatte sich viele Notizen gemacht und auch sogar schon erste Computer-Programme dafür erstellt. Direkt nach dem Praktikum konnte sie zurück an der Hochschule auch einen ihrer Professoren als zukünftigen Betreuer für dieses Thema gewinnen.

Dann jedoch war plötzlich alles zum Stillstand gekommen. Sie hatte sich eigentlich nur ein bis zwei Wochen erholen und etwas ausspannen wollen. Daraus waren dann aber ungeplant einige Monate geworden. Sie verstand selber nicht, wieso – die Zeit war einfach so verflogen. Besonders genossen hatte sie diese aber auch nicht. Sie hatte deshalb mittlerweile bereits ein ganzes Semester verloren. Nun war sie über Ostern zuhause bei ihren Eltern gewesen, die ihr das Studium auch finanzierten.

Das Verhältnis zu ihren Eltern war gut, aber dieses letzte Osterfest war für alle Beteiligten unerwartet stressig geworden. Ihr Vater hatte sie freundlich, aber sehr bestimmt zurechtgewiesen. Sie hatte ihm daraufhin versprochen, nun endlich konsequent an der Bachelorarbeit zu schreiben und diese auch noch im laufenden Semester offiziell beim Prüfungsamt anzumelden. Sie konnte gut verstehen, dass ihr Vater aufgebracht war, schließlich musste er ja jedes zusätzliche Semester finanzieren.

Mit schlechtem Gewissen, aber auch mit dem festen Entschluss, ihr Studium nun endlich zu Ende zu bringen, hatte sie sich, als sie zurück in Freiburg war, sofort an die Arbeit gemacht. Es war furchtbar gewesen, denn sie war gar nicht mehr durch den Riesenberg an Notizen, Fachartikeln und Computerausdrucken durchgestiegen. Sie hatte das Gefühl, sie wüsste weniger als während des Praktikums. Je mehr sie in ihren Notizen las, um so mehr überfiel sie das Gefühl: »Ich packe das einfach nicht! Das alles wird sich niemals zu einem Text mit einem roten Faden zusammenfügen.«

Mehrere Tage lang hatte sie sich tatsächlich wie versprochen an ihren Schreibtisch gesetzt und sich dort konsequent mit dem Thema beziehungsweise dem, was sie darüber notiert und recherchiert hatte, beschäftigt. Aus den geplanten sechs bis acht Stunden pro Tag waren dann aber jeweils höchsten zwei geworden. Sie hatte keinen Plan, wo oder wie sie anfangen sollte, und keine Ahnung, welche Arbeitsschritte in welcher Reihenfolge zu erledigen waren. Überhaupt erschien ihr jetzt plötzlich dieses Projekt wie ein großer, unbezwingbarer Berg. Wann immer sie sich mit dem Thema befasste, fühlte sie sich überwältigt und wie eine Versagerin. Sogar der Gedanke, das ganze Studium hinzuwerfen, ging ihr dabei durch den Kopf.

Auf meine Frage, ob sie schon wisse, was sie nach dem Studium beruflich machen wolle, sagte sie kleinlaut: »Ehrlich gesagt, nein. Das ist auch ein Problem: Ich habe keine Lust, aus Freiburg fortzuziehen. Ich habe hier gute Freunde gefunden und fühle mich so wohl. Aber es wird vermutlich nicht möglich sein, weiter hierzubleiben, wenn ich in meinem Fachgebiet arbeiten will.«

Als ich ihr von der SOURCE-Methode erzählte, war sie sofort Feuer und Flamme und wollte das unbedingt ausprobieren.

Ich bat sie, ihr Problem in wenigen Sätzen zusammenzufassen. Sie sagte: »Ich schaffe es einfach nicht, an der Bachelorarbeit weiterzuschreiben, obwohl ich es mir fest vorgenommen habe. Ich habe keine

Idee, weshalb es so hakt und weiß auch nicht, wo oder wie ich jetzt weiter daran arbeiten kann.«

Die erste Stein-Konstellation

Irina wollte ihre Steine gerne selber sammeln. Sie machte deshalb zunächst einen Spaziergang und brachte ein Handvoll Steinchen, einige Baumfrüchte, Erlenzapfen und -blüten, Vogelbeeren sowie ein paar Holzstückchen mit.

Nach einer kurzen, meditativen Einstimmung auf die SOURCE-Arbeit haben wir eine Liste potentieller Player zusammengetragen:

- die Bachelorarbeit, erscheinend als großer, unbezwingbarer Arbeitsberg
- der Abschluss des Studiums mit der dann vermutlich anstehenden räumlichen Veränderung
- Schuldgefühle gegenüber den Eltern (wegen des Geldes)
- ihr Vater
- verwirrt sein und keinen Plan haben
- klares Ziel mit definierbaren Einzelschritten
- nicht »in die Strümpfe kommen« beziehungsweise der innere Schweinehund, der sie blockiert
- Interesse am Thema
- der die Abschlussarbeit betreuende Professor
- offizielle Anmeldung des Themas beim Prüfungsamt

Als es dann darum ging, konkret Steine für die beteiligten Einfluss-Kräfte auszuwählen, entschied Irina sich dafür, die SOURCE mit folgenden Playern zu starten:

1	großer, unbezwingbarer Arbeitsberg
2	Schuldgefühle gegenüber meinen Eltern
3	Anforderungen meines Vater an mich
4	klares Arbeitsziel mit definierbaren Einzelschritten
5	Gefühl völliger Überforderung
6	mein Interesse am Thema
7	offizielle Anmeldung des Themas beim Prüfungsamt
8	die unsortierten, unübersichtlich vielen Notizzettel und Dokumente auf ihrem Computer

Ihre Zuordnung zu den Playern sah so aus:

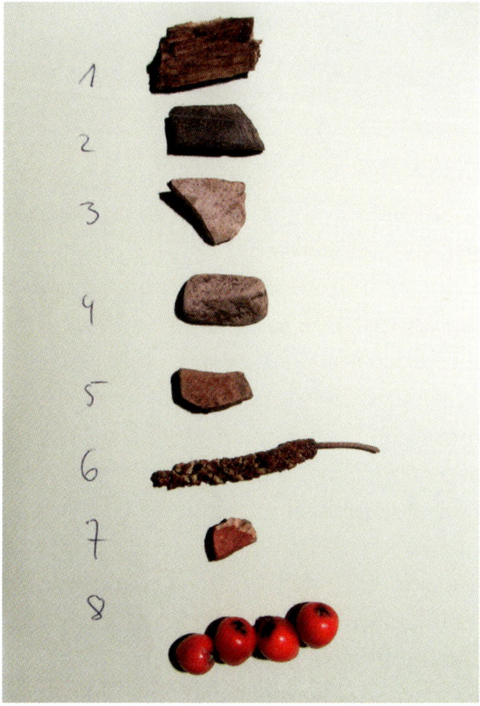

Abb. 13: Irinas Zuordnung zu den Playern

Die Stein-Konstellation, die sie dann geworfen hat, so:

Abb. 14: Stein-Konstellation, die Irina geworfen hat

Auffällige Muster und Positionen darin

Wir haben die Muster in der folgenden Formulierung notiert, weil keine von uns mehr im Kopf hatte, welche Inhalte sich hinter den einzelnen Steinen verbargen. Wie gesagt, ist das zu diesem Zeitpunkt sogar förderlich, um ganz neutral und objektiv hinschauen und interpretieren zu können.

Von den vier roten Beeren kullerte eine sofort unter den Tisch (und wir haben sie auch nicht mehr gefunden). Ansonsten lagen die roten Beeren weit außen und zum Teil weit auseinander.

Zusammen und wie auf einer Linie lagen das Holz, der dunklere graue, fast rechteckige Stein, der größere von den beiden roten Steinen und der hellgraue rechteckige.

Dann – »wie an einer Weggabelung« findet Irina – lag unter der obigen Linie auf der einen Seite ein grauer dreieckiger Stein, auf der anderen die Baumfrucht und ein kleiner roter Stein mit weißem

Rand. Das sähe aus, meinte Irina, als stünde eine Entscheidung zwischen der einen oder der anderen Seite an.

Danach haben wir anhand der Player-Liste sowie des Zuordnungs-Fotos die Inhalte eingesetzt. Dabei ergab sich folgendes:

Einer der unsortierten, unübersichtlich vielen Notizzettel und PC-Dokumente (8) verschwand sofort aus der Sichtweite (und war auch nicht mehr zu finden). Die unsortierten, unübersichtlich vielen Notizzettel und PC-Dokumente lagen weit außen in der Konstellation. Sie bildeten also nicht das Zentrum, obwohl Irina genau das geglaubt hatte, als sie sich diese Papiere als Basis für die weitere Arbeit bereitgelegt hatte.

Zusammen und in einer Linie lagen der große, unbezwingbare Arbeitsberg (1), die Schuldgefühle gegenüber den Eltern (2), das Gefühl völliger Überforderung (5) und das klare Ziel mit definierbaren Einzelschritten (4).

Dann lagen unter der obigen Vierer-Linie auf eine Seite »Anforderungen meines Vaters an mich« (3), auf der anderen »Interesse am Thema« (6) sowie »offizielle Anmeldung des Themas« (7).

Dies sähe aus, meinte Irina, als stünde eine Entscheidung an zwischen den »Anforderungen meines Vaters« einerseits und »Interesse am Thema« sowie »offizieller Anmeldung des Themas« andererseits.

Diese Botschaften der geworfenen Stein-Konstellation machten unmittelbar Sinn für Irina. Sie sagte: »Dreh- und Angelpunkt des ganzen ist mein klares Ziel mit definierbaren Einzelschritten. Das jedoch wird schwer für mich, sehr schwer, solange ich wie hypnotisiert bin von dem großen, unbezwingbaren Arbeitsberg, gleichzeitig Druck (auch extremen Zeitdruck) verspüre aufgrund der Schuldgefühle meinen Eltern gegenüber und mich gleichzeitig mit der ganzen Situation völlig überfordert fühle.«

»Das ist auch deshalb so«, fügte sie hinzu, »weil ich einen so umfangreichen Fachtext noch nie vorher erstellt habe. Dafür fehlen mir einfach auch das Fachwissen und die richtigen Arbeitstechniken. Vielleicht sollte ich bei der zentralen Lernberatung meiner Hochschule mal einen Termin machen?« Sie setzte überrascht nach: »Auf die Idee bin ich ja noch nie gekommen!«

Sie erkannte, dass die im Praktikum zusammengetragenen Notizen und Materialien jetzt im Moment gar nicht so wichtig waren. Stattdessen stand jetzt die Entscheidung im Mittelpunkt, ob sie sich weiterhin aufgrund des Drucks von außen gestresst und hilflos fühlen wollte, oder aber – ausgerichtet auf ihr eigenes Interesse an dem Thema, das sie sich selber freiwillig und ursprünglich auch gerne ausgesucht hatte – auf die offizielle Anmeldung ihrer Bachelor-Arbeit hinarbeiten.

Der Weg zur Ziel-Konstellation

Das erste, was Irina instinktiv aus der SOURCE genommen hat, waren die drei roten Beeren. Das um die Beeren reduzierte Bild (siehe Abbildung 15) ließ sie sofort aufatmen. Sie hatte bisher geglaubt, dass genau diese Notizen (Gesprächsnotizen aus der Praktikumszeit, vom Treffen mit ihrem Professor sowie die Notizen, die sie sich gemacht hatte, während sie recherchiert und Artikel zum Thema gelesen hatte) die Basis für ihre weitere Arbeit sein würden.

Andererseits hatte aber gerade der Versuch, diese unüberschaubar vielen Details zu überarbeiten und sie dabei in eine Linie, in einen Guss zu bringen, Irina jedes Mal schon im Ansatz völlig blockiert. Das genau hatte in ihr das Gefühl hervorgerufen: »Wie soll das denn gehen? Das schaffe ich nie!«

Abb. 15: Zettelwirtschaft (8) entfernt

Deshalb konnte sie die Idee, diese Zettelwirtschaft (zumindest vorläufig) ganz außen vor zu lassen, gut annehmen. Ja, das war eigentlich eine Erleichterung für sie. Gut fand sie die Idee, sich dem Thema stattdessen noch einmal ganz neu – »nur« mit ihrem Interesse und dem bisherigen Fachwissen aus Studium und Praktikum – zu nähern. In unserem Gespräch wurde ihr klar, dass, wenn sie sich ab jetzt ausschließlich auf ihr eigenes Ziel ausrichten und es mit Elan und Zuversicht verfolgen würde, das auch für ihren Vater eine große Erleichterung sein würde. Sie beschloss deshalb, die Anforderungen des Vaters in der Steinkonstellation zunächst beiseitezuschieben.

Abb. 16: Anforderungen des Vaters (3) beiseite geschoben

Als nächstes wollte sie dann nach und nach die Repräsentanten für den großen, unbezwingbaren Arbeitsberg, für die Schuldgefühle gegenüber ihren Eltern sowie für das Gefühl völliger Überforderung aus der Konstellation entfernen. Ohne den großen, unbezwingbaren Arbeitsberg war das Bild für sie angenehmer:

Abb. 17: Wie Abb. 16 ohne den großen, unbezwingbaren Arbeitsberg (1)

Jedoch hinterließ das Entfernen des Steins, der ihre Schuldgefühle repräsentierte (siehe Abbildung 18) gefühlsmäßig eine Lücke in der Konstellation, genauso wie auch alternativ das Entfernen des Steins, der ihre Überforderung repräsentierte (siehe Abbildung 19): Das war nicht stimmig und wirkte schwächend auf die Gesamt-Konstellation.

Abb. 18: Zusätzlich wurden hier die Schuldgefühle (2) entfernt

Abb. 19: Konstellation wie in Abb. 17, zusätzlich wurde das Gefühl der Überforderung (5) entfernt

Eventuell kannst du das sogar anhand der beiden Fotos nachvollziehen und spüren?

Auch der Versuch, beide gleichzeitig zu entfernen, machte die Konstellation für ihr Gefühl instabil.

Abb. 20: Hier wurden aus Abb. 19 zusätzlich die Schuldgefühle (2) entfernt

Dabei wurde dann sogar auch der Einfluss der Anforderungen ihres Vaters (trotz des neuen, größeren Abstands) für ihr Gefühl wieder stärker.

Das war so ein typischer SOURCE-Moment, in dem es sinnvoll ist, sich zu überlegen, ob man eventuell zusätzlich neue Ressourcen, das heißt, neue Player, neue Steine, in die Konstellation einfügen möchte. Irina überlegte, was sie in diesem Prozess unterstützen könnte. Die Idee, zur Lernberatung der Hochschule zu gehen, fiel ihr wieder ein und ihr Schutzengel, an den sie schon als kleines Mädchen fest geglaubt hatte.

Sie zog einen kleineren, dunkelgrauen Stein als Repräsentanten für die Lernberatung. Und sie hatte sogar ein Schutzengelbild, das sie vor Jahren in einer Kirche auf Mallorca erstanden hatte, in ihrem Portmonaie. Wie schon so oft, habe ich hier über eine der ungewöhnlichen Koinzidenzen gestaunt, die häufig bei der SOURCE-

Abb. 21: Ziel-Konstellation mit neuem Lernberatungs-Stein und Schutzengel-Bild

Methode auftreten: Auf dem kleinen Schutzengelbild, das sie mit in die SOURCE zu den Steinen legen wollte, war ein Bach mit Steinen darin abgebildet. Die Steine auf dem Bild passten in ihrer Größe perfekt zur Größe ihrer SOURCE-Steine, so dass, nachdem sie ihr Engel-Bild intuitiv hinzugelegt hatte, sowohl der Lernberatungs-Stein als auch ihr »Klares Ziel«-Stein nahtlos an beziehungsweise in dieses Bild passten (Abbildung 21).

Das war ihre Ziel-Konstellation, die wir fotografiert haben. Anschließend haben wir dann noch ein weiteres Foto davon ohne den Stein, der die Anforderungen des Vaters an sie repräsentierte, gemacht.

Abb. 22: Ziel-Konstellation ohne die Anforderungen des Vaters

Wobei Irina in den nächsten Tagen damit experimentieren wollte, welches dieser beiden Fotos als Ziel-Bild stimmiger und stärkender für sie wirken würde.

Die Botschaft der Ziel-Konstellation
In der Ziel-Konstellation lagen nur noch drei der ursprünglichen Player. Im Zentrum lag das klare Ziel mit definierbaren Einzelschritten, dicht daneben Irinas Interesse am Thema sowie die baldige offizielle Anmeldung beim Prüfungsamt.

Neu hatte sie »im Rücken« eine professionelle Lernberatung, die an ihrer Hochschule kostenfrei angeboten wird, sowie ihren Schutzengel, der sie schon länger begleitete. Spontan sagte sie dazu: »Ich habe alle Unterstützung, die ich brauche, um meine Bachelor-Arbeit mit Erfolg zu Ende zu bringen.« Das bringt die Botschaft ihrer Ziel-Konstellation gut in einem Satz auf den Punkt.

Zum Abschluss haben wir beide still innerlich den Kräften gedankt, die diesen wunder-baren Prozess begleitet und geführt hatten.

Irina hat danach drei Wochen lang morgens und abends je drei Minuten lang mit den beiden folgenden Fotos gearbeitet:

Abb. 23

Sie hat den Effekt der SOURCE schon nach zwei Tagen deutlich gespürt. Es gelang ihr plötzlich, ohne Probleme täglich neu motiviert und mit Erfolg an ihrer Abschlussarbeit weiterzuarbeiten.

Das nächste Beispiel stammt von mir selber. Diese SOURCE-Session habe ich so auf dem Bellrock erlebt, der Felsen-Formation, wo die Methode einen Monat vorher von sich aus ihren Weg zu mir gefunden hatte.

Diese SOURCE verlief unerwartet anders als sonst. Da dabei die Kraft und die Wirkungsweise der SOURCE-Methode besonders gut sichtbar und deutlich wurden, möchte ich dich daran teilhaben lassen. Ich bin mit dem Text eng an dem geblieben, was ich damals währenddessen in mein Tagebuch geschrieben habe.

SOURCE-Beispiel 3

An diesem Tag konnte ich nach der Einstimmung in die SOURCE-Arbeit die Ausstrahlung der roten Felsen um mich herum ungewöhnlich stark spüren. Im meditativen Zustand kam der Impuls für meine Player-Repräsentanten eine Hand voll Steinchen, alle auf einmal, zu greifen. Es war, als würde mir eine Stimme ins Ohr flüstern: »Schnapp dir eine Hand voll Steinchen hier auf dem Boden, direkt vor dir. Greife einfach zu und mach dir keine Sorgen darüber, ob du die richtigen Steine erwischst, oder darüber, wie viele es wohl sein sollen. Ergreife einfach die, die von allein mit einem Griff in deiner Hand landen. Lasse deinen Körper, deine Hände die Arbeit tun, verbinde dich dabei mit der Energie hier um dich herum.«

Ich bin dem gefolgt und schon lagen – per Zufall gegriffen – kleine hellrote Steine, Erosionen des Bellrocks, in meiner geöffneten Hand. Und es war, als würde die Stimme weiter flüstern: »Ist dir klar wie alt diese Steine sind? Hunderte von Millionen von Jahren! Kannst du dir vorstellen, was die alles erlebt und gesehen haben? – Sie haben unendlich viel Erfahrung, haben so viele dramatische Veränderungen auf der Erde miterlebt und haben dabei so viel Wissen gespeichert. Jetzt sprich noch ein kleines Gebet und dann wirf.«

Ich bin spontan auch diesem Impuls gefolgt und habe die Steine geworfen, sogar ohne vorher im Detail über mein Thema und die zugehörigen Player nachgedacht, geschweige denn, den einzelnen Steinen Bedeutungen zugeordnet zu haben.

Diese Konstellation ist damals auf diese Weise entstanden:

Abb. 24: Spontan von mir geworfene Stein-Konstellation

Ich hörte meiner inneren Stimme weiter zu: »Gut! Nun bleib präsent, schaue hin und fühle. Fahre alle deine Antennen aus und folge weiter deiner Intuition. Zugegeben, diese SOURCE ist eine fortgeschrittene Version. Dafür musst du völlig vertrauen. Vielleicht glaubst du, das sei ein Problem für dich? Das ist nur am Anfang so, glaube mir. Weißt du, du bist gesegnet, dass du diesen Zugang zu diesem alten, uralten Wissen erhalten hast. Du darfst aus der Quelle schöpfen, aus der Quelle dessen, was allgegenwärtig ist, allwissend und alles enthaltend. Hier findest du alles, was du brauchst, und alles, wonach du dich wirklich von Herzen sehnst, ganz gleich, was es ist.

Dies ist jetzt deine Chance. Das Geschenk ist, dass du nun ganz leicht und ohne durch all den alten Schmerz gehen zu müssen, direkt zur Quelle gehen kannst. Dabei wirst du genau das erhalten, was gerade jetzt am allerwichtigsten für dich ist, damit du heilen und wachsen kannst. Ja, dies ist zunächst eine Herausforderung, aber du wirst dich daran gewöhnen. Bald, das verspreche ich dir, wirst du es genießen und es sogar lieben. Es ist so lustvoll, als würdest du in einen lebendigen, glitzernden Bach steigen.

Diese erste Konstellation spiegelt als ganzes das, wo du zur Zeit in der Gegenwart stehst. Nun überlasse derselben inneren Instanz in dir, derselben Intuition, derselben Hand, die die Steine gesammelt hat, weiterhin die Führung. Mit einer sanften, weichen, aber beherzten und vor allem sehr schnellen Bewegung lasse sie über die gesamte Konstellation streichen und diese transformieren. Deine Hand wird sie so in eine neue Konstellation überführen. Mache das schnell, ohne dass ›du‹, dein Ego oder dein rationaler Verstand sich einmischen. Tritt innerlich zur Seite, gehe aus dem Weg. Entstehen wird eine Ziel-Konstellation, die – wenn du dich energetisch mit ihr verbindest – genau richtig für dich ist. Sie hilft dir, dass du endlich dein wahres Potential fühlen und schmecken kannst, in Höchstform und gleichzeitig mit erstaunlicher Leichtigkeit und Anmut. All das fließt dann in dein Leben – zu dir, zu deiner Familie und in deine Arbeit. Es berührt, befruchtet und befreit alles, mit dem du in Kontakt kommst. Folge dem Pfad deiner wahren irdischen Bestimmung aus vollem Herzen.«

Und, ob du es mir nun glaubst oder nicht: Bevor ich überhaupt realisiert hatte, was passiert war - es ging alles so schnell, mein Verstand hatte gar keine Chance im Detail zu folgen – hatte meine linke Hand mit einem Streich ein Wischen über die Konstellation gemacht. Entstanden war dabei dies:

Abb. 25: Dies war die neue, völlig unbewusst transformierte Stein-Konstellation

Die neue Konstellation war so perfekt, akkurat und klar strukturiert! Das erste, was mir dieses Bild auf Anhieb mitteilte, war: Um endlich Ruhe in meinem Leben zu finden, die notwendige Balance, die lang ersehnte Ausgeglichenheit, um auch im hektischen Arbeitsalltag den Kontakt zu meinem wahren Kern und Pfad nicht immer wieder zu verlieren, sollte ich meinem Tagesablauf eine klare und vor allem rhythmisierte Struktur geben.

»Es gibt Zeiten, in denen du gibst, und es gibt Zeiten, in denen du empfängst und auftankst. Es gibt Zeiten, da unterstützt du andere, und es gibt Zeiten, wo du für dich selber sorgen solltest. Für einen entspannten Zustand der Balance und Harmonie musst du auch deinen Körper immer wieder aufladen. Auch dein Geist, die Emotionen und alle anderen Ebenen des Seins wollen immer wieder und regelmäßig aufgetankt werden.«

In diesem Moment wurde mir bewusst, wie oft ich das vernachlässige. Ich spürte auch die Dringlichkeit dieser Nachricht. Sie sank in dem Moment in jede Zelle meines Körpers, in jede Schicht meines Energiekörpers und in jedes Chakra. Und ich wusste, dieses SOURCE-Foto wird mich in Zukunft daran erinnern. Es wird ab jetzt in Stress-Zeiten meine Energie-Medizin sein.

Im Laufe der nächsten Tage erhielt ich dann noch weitere Informationen zu dieser Stein-Konstellation. Deshalb mein Hinweis an dich: Du kannst, nachdem du deine Ziel-Konstellation einige Tage lang auf dich hast wirken lassen, nach weiteren Informationen und konkreten Hinweisen fragen. Zum Beispiel: »Wie wird sich meine Arbeits-, Ehe-, Gesundheits-Situation verändern, wenn ich diese ›Medizin‹ lebe, integriere, anwende?« Als Antwort wirst du eventuell innerlich etwas hören, ein Bild der veränderten, geheilten Situation oder ein Symbol sehen. Vielleicht spürst du auch »nur« ein ganz bestimmtes (neues) Gefühl. Probiere es selber aus und lass dich dabei intuitiv führen.

Nun bist du dran

Um die SOURCE-Methode für dich auszuprobieren und zu erlernen, erstellst du dir am besten eine Liste mit Themen, die du für dich gerne bearbeiten beziehungsweise geklärt haben möchtest. Das können Wunsch-Träume und Visionen genauso sein wie Probleme, Herausforderungen, alte Verletzungen, Ängste oder körperliche Beschwerden. Mache es dir zur Gewohnheit, regelmäßig zu SOURCEn. Besonders gut geht es früh morgens, wenn alles noch ganz still ist, oder am Wochenende, wenn du vielleicht mehr Zeit und Ruhe hast als sonst. Darüber hinaus solltest du SOURCEn, wann immer du spürst: »Jetzt wäre es gut!« Folge auch hier deiner Intuition. Du wirst geführt werden. Es ist kaum möglich, bei einer SOURCE Fehler zu machen. Jede SOURCE wird deinen inneren Raum erweitern und dein Leben bereichern wie auch das der Menschen um dich herum.

Du kannst eine SOURCE auch für andere Menschen durchführen – vorausgesetzt natürlich, du fühlst dich sicher genug mit der Methode. Du kannst es in der Anwesenheit des anderen tun und auch auf Entfernung. Beides ist möglich. Jedoch solltest du immer vorher fragen, ob der oder die andere das auch möchte. Lass dich nicht versuchen, ungefragt in das Leben anderer einzugreifen. Das wird der SOURCE-Arbeit nicht gerecht. Bei einer SOURCE geht es auch darum, dem Lebenspfad, so wie er dir bestimmt ist, zu folgen. Dies schließt auch das Ende von ego-zentrierter Kontrolle beziehungsweise dem Bedürfnis nach Kontrolle ein. Das Kontrollbedürfnis ist bei vielen Menschen stark, weil es auf Unsicherheit und Angst beruht.

Versuche, dein Bedürfnis nach Kontrolle, diese uralte menschliche Angewohnheit, allmählich immer mehr loszulassen. Es kann sinnvoll sein, zu genau diesem Thema »Kontrolle« eine SOURCE durchzuführen. Vertraue und gib dich dem Fluss des Lebens, so wie er eben ist, hin. Lasse den Widerstand gegen Veränderung los. Alles ist stets im Wechsel. Das bedeutet es, zu leben. Alles andere wäre lediglich ein Sterben.

SOURCE für Fortgeschrittene

In den zahlreichen SOURCEs, die ich in den letzten Jahren durchgeführt oder begleitet habe, habe ich viel dazugelernt. Auch das möchte ich mit dir teilen.

Tips und Tricks: Aus Erfahrung anderer lernen

Es kann bei der Suche nach der Ziel-Konstellation hilfreich sein, zusätzlich unterstützende und kraftgebende Player in die Stein-Konstellation zu setzen. Insbesondere dann, wenn sich ein deutliches Erleichterungs- oder Aha-Gefühl anders nicht einstellt. Solche zusätzliche Ressourcen können ein Schutzengel, ein Krafttier, Schutz oder Unterstützung an sich oder Qualitäten wie Mut oder Vertrauen sein oder was immer in der bearbeiteten Situation gerade fehlt. Dabei entstehen oft individuelle, kreative Lösungen. Auf diese Weise wird auch im Laufe der Zeit dein Fundus an Ideen für weitere SOURCEs immer größer.

Man kann hier auch ein anderes Symbol als ergänzend unterstützende Kraft, die bei der (Er-)Lösung der momentanen Situation hilfreich sein könnte, benutzen. In der weiter oben vorgestellten Beispiel-Session 2 war es das Schutzengel-Bildchen. Manchmal wurde eine Konstellation erst durch das Hinzufügen eines bestimmten Gegenstandes erlöst und kraftvoll, wie beispielsweise durch eine kleine grüne Jade-Schildkröte, die sich eine Frau vor vielen Jahren aus einem einmaligen, wunderschönen China-Urlaub mitgebracht hatte. Diese Schildkröte war für sie ein Symbol der Freiheit und eine persönliche Erinnerung daran, dass es tatsächlich möglich ist, Wunschträume wahr werden zu lassen.

Es ist möglich, andere Informationen mit einer SOURCE zu verbinden. Eine Freundin von mir ist Numerologin. Sie wies mich auf die Bedeutung der Anzahl der Steine in einer SOURCE hin. In ihrer Ziel-Konstellation waren es (zufälligerweise) acht Steine. Da Acht in der Numerologie die Bedeutung von Macht und Stärke hat, war dies für sie eine zusätzliche Bestätigung.

Bei der SOURCE mit einem Mann, der berufliche Probleme hatte, verlief die Suche nach einer zusätzlichen Ressource für seine Ziel-Konstellation zunächst zäh. Aber da er in seiner Freizeit mit Begeisterung Karten spielte, rief er irgendwann aus: »Einen Joker! Ich brauche einen Joker!« Ein Joker wäre ein Player, der mir persönlich wenig zusagen würde, aber in diesem Fall war er stimmig und passend. Mittlerweile habe ich auch bei anderen Personen schon mehrfach »den Joker« vorgeschlagen. Er kann offensichtlich auch für andere Menschen eine kraftvolle Ressource darstellen.

In der SOURCE-Sitzung mit einer Selbständigen, die eine neue Geschäftsidee suchte, habe ich vorgeschlagen, in die Ziel-Konstellation einen zusätzlichen Stein für ihre neue Geschäftsidee zu setzen. »Ja gut«, sagte sie zögerlich, und griff sich auch sofort zielsicher einen ganz bestimmten dunkelgrünen Schmuckstein. »Aber …«, zögerte sie dann, »die neue Geschäftsidee gibt es doch noch gar nicht! Die muss ich doch erst finden! Das ist doch mein Problem! Die kann ich deshalb doch da nicht einfach mit dazulegen!«

Ich wies darauf hin, dass es diese neue Geschäftsidee zwar jetzt noch nicht gebe, wohl aber in Zukunft. Damit sei sie auch schon jetzt auf feinstofflicher Ebene existent. »Also ist diese Idee jetzt energetisch schon irgendwo da?! Und ich muss sie nur zu mir herholen?!« Sie war erleichtert.

Es wurde im Laufe dieser SOURCE-Sitzung irgendwann deutlich, dass diese Frau auf der Suche nach der perfekten Lösung für ihre Ziel-Konstellation war. Ein solcher Anspruch erzeugt enormen (unnötigen) Druck!

Vergiss nicht, du kannst jede noch so verrückte Idee bei der Suche nach der Ziel-Konstellation testweise ausprobieren! Du kannst zunächst einen Engel in deine Konstellation einfügen und ihn dann, wenn dein Gefühl dir sagt: »Das stimmt so nicht« wieder gegen einen anderen Player austauschen.

Alles, was hilft oder heilt, alles, was dich unterstützt und nährt, solltest du in Erwägung ziehen. Probiere es aus. Dann schaue, beziehungsweise spüre, wie es dir mit der Veränderung geht. Lasse dir Zeit dabei, schaffe dir innerlich Freiraum und mache kleine Schritte.

Empfindest du die Konstellation nach der letzten kleinen Veränderung als kraftvoller oder harmonischer als vorher? Womit fühlst du dich besser? Du merkst keinen Unterschied? Dann lasse die letzte Veränderung weg. Wenn es einmal am Ende nicht die ganz perfekte Lösung ist, macht das nichts. Wichtig ist nur, dass du merkst, jetzt hat sich etwas in Richtung Klärung und Harmonisierung, in Richtung Entlastung bewegt, in Richtung Erleichterung oder in Richtung Wachstum oder Heilung. Denn das allerschönste an der SOURCE-Methode ist ja, dass die Ziel-Konstellation dann – und zwar völlig, ohne dass wir bewusst weiter über das Thema nachdenken! – durch die neu gesetzte Energie die angestrebte, gelöste, geheilte Zukunft in die Realität zieht.

Viele Menschen glauben, Veränderungen, Heilung oder Klärung von Konflikten müsse man sich mit Anstrengung erarbeiten. Auf dem Weg zur Ziel-Konstellation ist auch die folgende Frage schon oft hilfreich gewesen: »Angenommen, leichte Lösungen wären erlaubt. Und angenommen, sie wären möglich, was würdest du dann jetzt verschieben?«

Beim Fotografieren der SOURCE-Konstellationen achte darauf, dass die »Blickrichtung« des Fotos so ist, wie du während der Session auf die Konstellation geschaut hast. Ich hatte bei einigen der ersten SOURCE-Sitzungen, bei denen ich andere begleitet hatte, die Fotos aus meiner Sicht gemacht. Ich saß dabei gegenüber am Tisch. Jedes Mal waren die Beteiligten irritiert, als sie dann die Fotos auf dem kleinen Bildschirm meiner Digitalkamera anschauten, weil die Ausrichtung des Fotos komplett anders war als ihre Sicht der Konstellation in der Session. Am besten gewöhnst du dir von Anfang an, immer aus der Perspektive des Themenstellers zu fotografieren.

Troubleshooting: Was tun, wenn's mal hakt?

Die SOURCE will nicht enden

Grundsätzlich ist eine SOURCE spielerisch, oft pure Freude. Mich selber erstaunt bis heute noch, mit welcher Leichtigkeit diese so tiefe Arbeit immer wieder geschieht. Ich habe aber (allerdings sehr selten) auch schon SOURCE-Sitzungen erlebt, die ich als anstrengend und echte Arbeit empfunden habe. Auffällig dabei war, dass alle diese anstrengenden SOURCE-Prozesse immer deutlich länger gingen als sonst. Gewöhnlich fließt es bei der SOURCE-Methode. Die Arbeit geht nicht nur leicht, sondern sie ist auch erstaunlich schnell. Meist dauert sie maximal eine Stunde. Ich habe mittlerweile auch schon (sehr erfolgreiche!) 10-Minuten-SOURCEs geworfen und verschoben.

Sollte es dir einmal passieren, dass eine SOURCE anstrengend wird, kannst du dir sicher sein, da läuft etwas nicht so wie geplant.

Als erstes mache dir bewusst, dass Stress oder innerer Druck jede SOURCE blockiert. Beurteile aber bitte weder dich, noch den oder die andere, falls ihr zu zweit seid. Nimm zunächst einfach nur wahr, wie du dich fühlst und wie der Prozess gerade läuft. Hast du Erwartungen im Kopf? Hat einer von euch beiden Erwartungen im Kopf? Eine SOURCE erfordert Vertrauen. Das bedeutet, nach oben abzugeben, heißt, sich führen zu lassen – nicht selber steuern zu wollen. Lehne dich für einen Moment zurück, atme ein paar Mal tief durch und verbinde dich wieder bewusst mit der Quelle beziehungsweise der höheren Instanz, auf die du dich beim Einstieg eingestimmt hast.

Eine SOURCE wird anstrengend, sobald aus der Persönlichkeit, aus dem Ego heraus gearbeitet und Steine verschoben werden. Es passiert, ehrlich gesagt, auch mir selber gelegentlich, dass ich in diese alte Angewohnheit zurückfalle. Keine Sorge, eine SOURCE weist dich darauf hin: Es wird ungemütlicher und anstrengend.

Und das ist gut so, denn sobald du das bemerkst, lässt sich dieser anstrengende Zustand relativ leicht und schnell auflösen. Halte dazu kurz inne und besinne dich darauf, dass jede SOURCE immer aus einer tieferen Quelle beziehungsweise durch höhere Führung gesteuert wird. Verbinde dich wieder bewusst mit dieser Quelle, wiederhole eventuell den ersten Schritt, den Einstieg noch einmal und genieße dann, dass die Steine und deine Hände nur das Instrument sind, gesteuert, gelenkt durch die Quelle selber.

Nicht deine Anstrengung, sondern deine Hingabe entscheidet über den Erfolg im Leben. (Eckart Tolle)

Probleme bei der Arbeit mit den Fotos

Selten habe ich die Rückmeldung bekommen, dass es schwer sei, sich mit den Fotos innerlich zu verbinden. Wenn das aufgetreten ist, hat derjenige das Foto meist aus der falschen Draufsicht angeschaut. Hast du mal ein Passfoto von dir selber auf den Kopf gestellt und angeschaut? Es ist erstaunlich, aber dann erkennst du nicht einmal dich selber richtig wieder. Dasselbe gilt natürlich auch für die SOURCE-Fotos. Du solltest bei der täglichen SOURCE-Erinnerungs- und Aktivierungs-Arbeit aus derselben Richtung auf das Bild schauen, die du hattest, während du die SOURCE geworfen hast.

Erfahrungsberichte und Rückmeldungen

»Was ist mittlerweile mit deinem Thema passiert? Was hat sich verändert?« habe ich eine Frau, mit der zusammen ich geSOURCEt hatte, vier Wochen später gefragt. »Das zweite Foto stellt ja meine Ziel-Wunsch-Situation dar«, hat sie geantwortet, »und es verbindet mich tatsächlich jeden Tag mit ihr. Es führt mich allmählich immer mehr dahin, dass es mir wirklich zusteht und dass ich mich traue, es für mich zu wählen. Es hilft mir sehr gut, mich an das Neue zu gewöhnen. Dadurch wird die Chance erhöht, dass es tatsächlich wahr werden kann. Das ist ein gute und gleichzeitig sehr leichte Form, etwas über die Stärkung der eigenen Gedanken zu manifestieren.«

Eine andere sagte: »Du hast gesagt, die SOURCE macht das von allein. Das hat mich am Anfang richtig geschockt, weil mir das zu einfach erschien, dass das alles von alleine passiert. Daran, dass ich selber eben nichts tun muss, dass so etwas überhaupt möglich ist, eine erlösende Veränderung ganz ohne Anstrengung, ganz ohne aktives Zutun, musste ich mich erst gewöhnen. Dabei haben mir die Fotos sehr geholfen. Ich glaube mittlerweile an diese subtile Veränderung meiner Gedanken und meines Glaubenssystems. Mich hat das damals sehr überrascht beim SOURCE-Prozess, als du gefragt hast: ›Wie würdest du dir die Situation jetzt anders wünschen als Ziel?‹ Da habe ich ganz einfach den Rosenquarz gepackt und ihn intuitiv neben den Bergkristall gelegt. Ohne lange innere Arbeit. Einfach so, spontan, intuitiv, schnell und leicht! Ich konnte mir echt nicht vorstellen, dass so etwas wirkt, weil es eben so einfach ging. Es war wie ein Kinderspiel. Jetzt aber merke ich, zwei Wochen nach der SOURCE-Session, dass es für mich klarer wird, dass diese gute Zukunft möglich ist und passieren kann. Ich erkenne jetzt gerade auch, dass nur durch Veränderung in mir diese tolle Zukunft wahr werden kann. Und ich glaube, diese Zukunft ist schon ganz nah.«

Bei einem anderen SOURCE-Prozess war das Ziel gewesen, neue attraktive Produkte für eine kleine Firma zu entwickeln. »Hast du dafür mit dem Foto gearbeitet? Und wenn ja, wie?« habe ich etwa drei Wochen später nachgefragt. »Ich gehe in Resonanz mit dem Foto der Zielsituation, und aus dem Zustand heraus kommen mir tatsächlich gute, neue Produkt-Ideen. Ich werde durch die Bilder sehr inspiriert. Durch das Foto bleibt die Verbindung zu meinem Ziel besonders gut erhalten. Ich kann es auch, selbst, wenn ich auf Dienstreise bin, überall mit hinnehmen. Am liebsten würde ich mir ein Amulett daraus machen und das dann immer am Köper tragen. Ich finde auch klasse, dass die Bedeutung des Fotos für andere nicht erkennbar ist - im Gegensatz zu einem Poster mit Ziel-Affirmation beispielweise. Das würde ich doch niemals in meinem Büro aufhängen.«

Eine andere SOURCE-Nutzerin erzählte mir, dass sie das Ziel-SOURCE-Foto als Bildschirmschoner am Rechner nutzt.

SOURCE ist visuelle Alchemie

»What you focus on, expands!«*

Durch das Fotografieren der Stein-Konstellationen wird der SOURCE-Prozess in Bilder übersetzt. Diese Fotos werden dir die Energie, die Kraft, die Weisheit, den Trost und die innere Führung deiner SOURCE auch später immer wieder (jederzeit und überall!) zugänglich machen. Die meisten Menschen bevorzugen echte Hochglanz-Fotoabzüge und empfinden einen normalen Computer Ausdruck als nicht so energetisch und ausdrucksstark. Wenn es räumlich möglich ist, kannst du auch die Ziel-Konstellation selber mehrere Tage liegen und weiter auf dich wirken lassen.

Ein Großteil unserer Informations-Aufnahme erfolgt visuell. Wenn du deine SOURCE-Fotos anschaust, erreicht und programmiert dich die neue Information und Schwingung der SOURCE täglich ein Stück mehr. Am besten gelingt dies zu Zeiten, wo dein Verstand nicht so stark, aber dein Bewusstsein und dein Herz besonders offen sind, also zum Beispiel morgens direkt nach dem Aufwachen, nachts wenn du mal aufwachst oder nach einer Meditation. Die Bilder helfen dir, die neue Energie, deine neue Vision, die erwünschte Zukunft zu manifestieren, selbst wenn deine alte Vergangenheit derzeit noch (aus-)läuft.

»Mein SOURCE-Ziel-Bild ist so schön, ich kann gar nicht wegschauen!« war die Rückmeldung eines Geschäftsmannes, der zuerst sehr kritisch gewesen war. Jemand anderer sagte: »Es hat mir überhaupt keine Schwierigkeiten gemacht, jeden Tag einige Minuten mit den Bildern zu arbeiten: Es war von Anfang an und ist noch immer ganz leicht für mich, das jeden Tag einzuhalten, weil ich die Fotos so gerne anschaue!« Er hatte sich sein Zielkonstellations-Foto ans Armaturenbrett im Auto geheftet:

* Das bedeutet auf Deutsch sinngemäß: »Das, worauf du dich konzentrierst, wird sich vermehren.« Im Internet habe ich recherchiert, von wem der Spruch stammt. Es werden viele verschiedene Urheber genannt, unter anderem Buddha und Oprah Winfrey.

Abb. 26: Foto am Armaturenbrett im Auto

Es ist hilfreich, die SOURCE-Bilder ästhetisch schön zu fotografieren, ausreichend beleuchtet und mit einem farblich angenehmen Hintergrund. Am Rechner lassen sich zusätzlich (ziemlich leicht) verschiedene Bildeffekte erzeugen: dazu im nächsten Abschnitt mehr.

Beim Anschauen der SOURCE-Fotos ist es nicht erforderlich, dass du die inhaltliche Bedeutung der Steine komplett präsent hast. Es ist auch nicht nötig, dass du schon konkret weißt, was es für dich und dein Leben bedeutet, wenn du dich innerlich von der ersten zur zweiten Stein-Konstellation bewegst. Es ist nicht erforderlich zu wissen, wie dieser Weg praktisch in deinem Leben ausschauen wird. All das ist deshalb zweitranging, weil die Arbeit mit den SOURCE-Bildern ganz direkt (und am Verstand vorbei) deine Herzens-, Seelen- und Bewusstseins-Ebene anspricht.

Darüber hinaus wird es gelegentlich während einer SOURCE-Session noch gar nicht durchgängig deutlich, was hier genau wie transformiert wird. Manchmal kam das Erkennen, das »Aha!« erst mit ein paar Tagen (oder Nächten) Verzögerung. Manchmal kam es gar nicht auf intellektuelle, rational verständliche Weise. Bisweilen blieb es sogar auch auf Dauer unklar, welche Funktion oder Bedeutung ein bestimmter Stein nun konkret hatte: Bei einigen SOURCEs wurde einfach ein »Joker« oder eine Hilfestellung, ohne dass sie im Detail definiert war, eingefügt. Der Prozess, die Erlösung kam trotzdem ins Rollen.

Die allermeisten Zielkonstellations-Bilder haben eine ordnende, klärende und stärkende Wirkung. Sie können sogar die Schwingung eines Raumes, egal ob Wohnzimmer oder Büro, erhöhen. Und das Schöne ist, nur du allein weißt um die Bedeutung des Fotos.

Unser Gehirn arbeitet in der Regel entweder rational-intellektuell und geht dabei logisch und sequentiell vor, also Schritt für Schritt. Es arbeitet in diesem Modus pingelig und detailorientiert. Oder aber es arbeitet ganzheitlich, ist dabei auf den Überblick ausgerichtet und erfasst die Zusammenhänge in ihrer Gesamtheit. Kunstwerke und Bilder erfassen wir so. Wir kämen nie auf die Idee, ein Gemälde von oben links nach rechts unten Pixel für Pixel, Detail für Detail abzuscannen, wie wir es beim Lesen von Texten tun. In der Statistik ist bekannt, dass unser Gehirn statistische Grafiken, wie du sie in jeder Tageszeitung findest, in Sekundenschnelle erfasst. Dabei berechnet es die Größenverhältnisse der dargestellten Flächen zueinander. Das macht es rasend schnell, noch bevor wir die Chance haben, bewusst die Beschriftungen zu lesen oder die Zahlen an den Achsen. Insbesondere bunte Bilder gehen ruck zuck in unseren Kopf, um ein Vielfaches schneller als Worte oder Texte. Vielleicht ist diese »Mustererkennung« ein genetisches Überbleibsel aus der Steinzeit, wo sie in der wilden Natur definitiv überlebensnotwendig war.

Viele Menschen nehmen Informationen in erster Linie und schwerpunktmäßig über ihre Augen auf, andere dagegen eher übers Hören und wieder andere erspüren ihre Umwelt beziehungsweise müssen Neues durch Tun be-greifen. Letztere werden im Coaching Kinästheten genannt. Für die vielen visuell orientierten Menschen ist die Arbeit mit den SOURCE-Fotos ideal. Menschen, die besser auditiv lernen und Information aufnehmen, sollten verstärkt mit ihrem Zielsatz arbeiten. Für die Kinästheten brachte schon das Arbeiten, Fühlen, Legen, Verschieben der Steine mit den Händen während der SOURCE einen Großteil der Klärung.

Bild-Bearbeitung gefällig?!

Es gibt viele Möglichkeiten, die Fotos am PC weiter zu bearbeiten und damit ihre Wirkung eventuell noch zu verstärken. Im folgenden werden kurz die Möglichkeiten in der Windows-Umgebung beschrieben. Andere Betriebssysteme bieten Vergleichbares. Spezielle Bildbearbeitungsprogramme besitzen noch viel mehr Möglichkeiten.

Unter Windows kannst du beispielsweise in WORD über »Einfügen: Grafik« dein Foto in ein leeres, neues Dokument einfügen. Dann brauchst du nur kurz aufs Bild zu klicken, damit aktivierst du die sogenannten Bildtools. In der entsprechenden Registerkarte »Bildtools« findest du vielfältige Werkzeuge. Du kannst hier beispielsweise die Bild-Form verändern, dreidimensionale Ansichten erstellen, die Ränder sanft verwischen, Rahmen ums Bild herum gestalten oder Schatten setzen.

Zum Beispiel so:

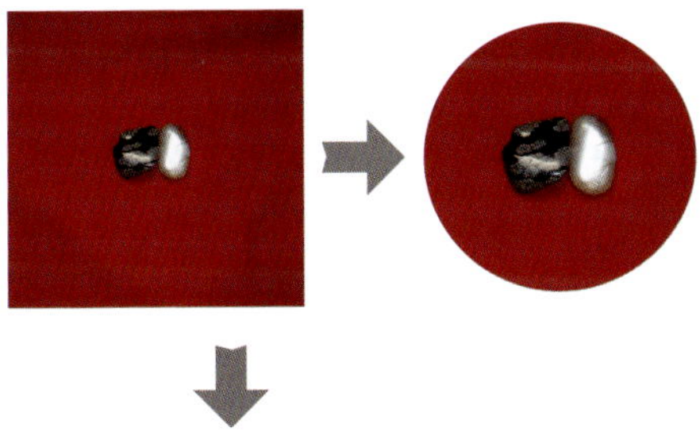

Oder so:

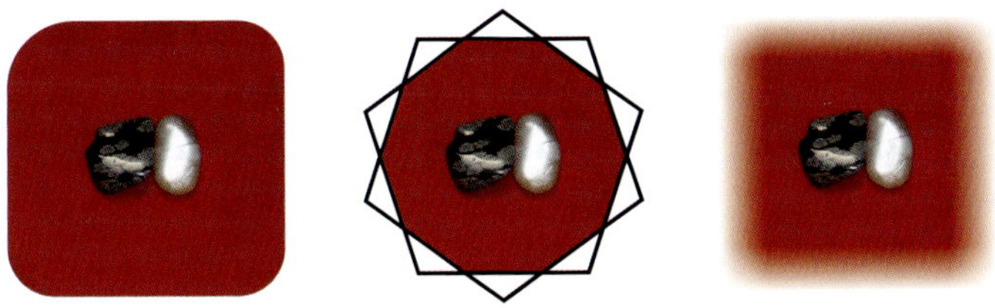

Sich mit der Energie der SOURCE-Fotos verbinden

Wenn du die Fotos der Konstellationen betrachtest, dann tue das bitte nicht mit scharfem, fokussiertem Adlerblick, sondern eher mit einem weichen, entspannten Blick. Vor Jahrzehnten habe ich irgendwo gelesen, wie Indianer auf der Jagd beim Pirschen ihren Fokus erweitern und dabei ihr Blickfeld bewusst ganz weit nach rechts und links und oben und unten ausdehnen. Du kannst genau das leicht erreichen, wenn du dazu deine beiden Hände zu Hilfe nimmst: Während du den Kopf gerade hältst und weiter nach vorne geradeaus schaust, hebst du deine etwa um 90 Grad angewinkelten Arme so, dass deine Händen seitlich auf Kopfhöhe sind.

Du behältst nun, während du weiter geradeaus schaust, in den Augenwinkeln auch die beiden Hände gleichzeitig mit im Blick. Die Hände hältst du – mit den ausgestreckten Handflächen nach vorne gerichtet – rechts und links je etwa 30 cm vom Gesicht entfernt ungefähr in Augenhöhe neben dem Kopf. So ähnlich wie die Schurken in Western, nachdem der Sheriff »Hände hoch« gerufen hat.

Während du weiter nach vorne vor dich schaust, nimmst du trotzdem in den Augenwinkeln gleichzeitig (das ist wichtig!) auch deine beiden Hände wahr, die du nun langsam, langsam so weit zurück führst, bis du sie gerade noch beide gleichzeitig in den Augenwinkeln sehen kannst. Hilfreich ist es, die Finger dabei etwas zu bewegen. Wenn du das ein bisschen übst, bekommst du sehr schnell einen Blickwinkel von etwa 180 Grad. Das heißt, du schaust weiterhin geradeaus nach vorne, hast aber gleichzeitig auch beide Hände neben deinem Gesicht im Blickfeld. Die Art deines Sehens verändert sich dabei automatisch. Du schaust nun ganz anders als sonst im Alltag.

Genau das ist der Sinn dieser Übung. Diese Gesichtsfeldveränderung bringt automatisch auch eine Verschiebung deiner Wahrnehmung mit sich. Hier wird nicht nur das Gesichtsfeld, sondern auch dein Bewusstsein erweitert. Dein Denken wird während dessen ganz automatisch sehr viel ruhiger und meditativer werden. Obwohl man in diesem Zustand sicher nicht mehr genau das Muster einer Tischdecke analysieren könnte, ist es trotzdem ein sehr waches, präsentes Wahrnehmen. Man nimmt sehr, sehr viel gleichzeitig und das auf eine wache Art und Weise wahr.

Beispielsweise wirst du nun jede noch so kleine Bewegung im Gesichtsfeld sofort bemerken. Deshalb ist diese Art des Sehens eben gerade fürs Pirschen so gut geeignet. Auf eine Art und Weise, die ich nicht mit Worten beschreiben kann, spürt man dabei auch deutlich mehr. Es ist möglich, so erweitert zu schauen und gleichzeitig auch den ganzen Körper bis in die Zehenspitzen hinein zu spüren.

Auf diese Weise, weit, empfänglich und offen, betrachtest du nun deine Stein-Konstellation beziehungsweise das Foto. Spüre auch deinen Körper ganz bewusst, während du so schaust. Wenn du magst, kannst du zusätzlich bewusst dein Herz öffnen. Du wirst natürlich dabei dann die Hände senken und brauchst dir bitte auch keine Gedanken darüber machen, ob dein Seh-Modus noch adäquat ist. Vielleicht findest du selber auch noch andere Möglichkeiten, wie du dich auf für dich stimmige Weise besser und intensiver mit dem, was da vor dir liegt, mit dem, was du siehst, energetisch verbinden kannst.

Versuche dabei, auch den Raum zwischen dir und dem Platz, an dem die Konstellation oder das Foto liegt, zu erspüren. In diesem Zustand lässt sich erahnen, wie alles mit allem anderen verbunden ist. Du wirst dann vielleicht auch spüren, wie das, was du siehst, und die Dinge, mit denen du dich umgibst (beispielsweise in deiner Wohnung), einen direkten Einfluss auf deinen Zustand haben. Manches belebt dich sofort oder macht dich zufrieden, anderes engt dich eher ein oder lähmt dich.

SOURCE unterwegs

Ein großer Vorteil der SOURCE-Methode ist, dass du sie immer, überall und jederzeit, völlig unabhängig davon, wo du bist, auch ohne große Vorbereitung spontan durchführen kannst. Das geht auch ohne Kamera. Alles, was du dafür brauchst, sind Papier und Stift. Geeignete Steine findest du überall, sogar mitten in der Großstadt.

Abb. 29: Eine SOURCE-Konstellation lässt sich auch skizzieren

Diese wirfst du dann und veränderst die Konstellation so, wie du es gelernt hast. Statt der Fotos skizzierst du dann einfach die Konstellationen auf Papier.

Wenn es dir wichtig ist, kannst du sie dann sogar später noch nachträglich nachstellen und fotografieren.

Alternative Einstimmungs-Möglichkeiten für eine SOURCE

Nicht unbedingt jeder mag ein Gebet sprechen, und für manche ist auch »Meditation« ein Wort, das eher verschreckt. Dann geht alternativ dazu der Einstieg in eine SOURCE auch sehr gut mit einer sanften, meditativen Musik, der du für eine Weile in Stille lauschst.

Auch die Wechselatmung aus dem Yoga oder einige Überkreuzbewegungen aus dem sogenannten Brain Gym können ein guter Einstieg sein. Du kannst für einige Minuten ein schönes Bild betrachten. Wenn du im Sommer draußen sitzt, kannst du den Himmel anschauen, einen Baum oder eine Blume.

Du kannst dir auch ein inneres Bild speziell für die SOURCE-Arbeit ausdenken, vielleicht ein Symbol, das dir persönlich hilft, dich mit deinem Herzen und der Einheit des Universums zu verbinden. Du kannst dir vorstellen, dass du von strahlendem Licht umhüllt wirst oder wie die Flügel eines Engels sich ganz sanft und schützend um dich legen.

Jedes kleine Ritual, durch das du deinen Alltag und das Alltagsbewusstsein ein Stück weit abhängst, das dir hilft zu entspannen und voller Vertrauen in den SOURCE-Prozess zu gehen, ist geeignet.

Die folgenden Gebete können den Einstieg erleichtern:

Ich vertraue dir Vater-Mutter-Gott, Schöpfer-Schöpferin allen Seins, allen Lebens, aller Vielfalt des irdischen Lebens. Ich vertraue dir und ich lege meine Hände in deine. Bitte mache meine Hände zu deinen und führe mich. – Danke!

Ich bitte um Führung und Segen für diese SOURCE. Ich stelle für den Verlauf dieser SOURCE beiseite: mein Ego, meinen rationalen Verstand, die Neigung, kontrollieren zu wollen, um Angelegenheiten oder Menschen nach meinen Bedürfnissen zu formen. Nicht ich bestimme den Verlauf, sondern ich lasse mich führen, stimme mich ein auf den Ruf, die Führung meiner Seele beziehungsweise aller Seelen, die durch dieses Thema berührt werden. Möge diese SOURCE ein Werkzeug des Friedens und der Heilung sein.

Im Verlauf dieser SOURCE gründe ich mein Vertrauen in das, was tiefer ist als Gedankenkraft und Emotionen. Ich vertraue der göttlichen Führung, die dem entspringt, was immer schon war und ewig sein wird – unbeeindruckt von menschlichem Wirken, menschlicher Willenskraft und menschlichem Schaffen, jenseits von Zeit und Raum. Schöpferkraft und ewiges Sein wirken durch diese SOURCE, meine Hände und diese Steine. Zeigt mir, was ich bereit bin zu sehen, zu erkennen und anzuerkennen, zu hören und zu fühlen. Jetzt bin ich bereit, zu empfangen und beschenkt zu werden. So sei es!

Ich übergebe mein Thema, Problem oder Projekt an diese SOURCE. Ich bete für und bitte um eine Lösung, einen neuen Impuls, darum, heute durch das Werfen der Steine eine Lösung zu erhalten. Ich vertraue auf die Führung, die mir zeigen wird, wie die Stein-Konstellation aussehen oder sich anfühlen sollte, um befreit zu sein und geheilt, heil und licht. So sei es!

Mögen die Engel mich begleiten und führen während dieser SOURCE, so wie sie immer bei mir sind, wenn ich ihre Hilfe brauche oder sie rufe. Ich vertraue auf die unendliche Kraft ihres Flügelschlags, ihres Lichtes, ihrer Weisheit und ihrer Transformationskraft. – Amen!

Möge all das, was sich heute in dieser SOURCE entwickelt, zu meinem Besten sein, zu meinem Höchsten, besser und kraftvoller, als ich es mir jetzt vorstellen kann. Ich gebe alles, was mich bedrückt oder verwirrt und Anlass für diese SOURCE war, ab an diese höhere Führung. Sie lässt mich sehen, was zu sehen ist – erkennen, was zu erkennen ist – spüren und hören, was zu spüren und hören ist. Sie gibt mir auch den Mut und die Kraft, die Ausdauer, Geduld und die Hingabe, die ich benötige, um die Heilung dieser »Medizin« anzunehmen. Danke!

Oder indianisch inspiriert:

Great Spirit, großer Geist, der du uns immer und überall umgibst, der du alles durchdringst, all-gegenwärtig bist, im Wind, in der Sonne, in der Erde, im Wasserkreislauf der Natur, im Himmel über uns und in der Erde unter unseren Füßen. Du lebst in jeder meiner Zellen, in meinem Herzen, in meiner Seele.

Bitte schenke mir die Kraft, dich zu erspüren, dich zu fühlen und dich zu hören sowie den Mut, meiner inneren Stimme zu vertrauen und zu folgen mit Hilfe dieser Millionen von Jahren alten Steine.

Great Spirit, bitte führe mich, zeig mir den Weg und hilf, dass die Situation einfach und deutlich vor mir liegt. Entwirre das, was sich verknotet hat, und zeige mir eine gute Lösung, eine Alternative, die erleuchtend, erleichternd und lösend wirkt zum Besten aller Beteiligten. So sei es!

Bewusst atmen

Die folgende Atem-Übung mit Visualisierung stammt aus dem Yoga:

Sitze ganz entspannt, aber aufrecht. Atme bewusst einige Mal tief ein und aus. Während du ausatmest, stellst du dir vor, dass du dabei allen Stress, alles Erreichen-Wollen, alles, was dich gerade bedrückt oder stört loslässt. Beim Einatmen stellst du dir vor, dass du Ruhe, das Erreichen deiner Ziele, Gesundheit, Zufriedenheit, Glück und so weiter einatmest.

So atme für eine Weile weiter. Beim Ausatmen gibst du ab, beim Einatmen empfängst du. Spüre dabei, ob dir vielleicht heute das Abgeben leichter fällt als das Annehmen. Tust du dich vielleicht derzeit etwas schwer damit, einfach beschenkt zu werden? Oder ist heute gerade umgekehrt das Annehmen leichter als das Abgeben? Oder sind Geben und Nehmen bei dir gerade in Balance?

Versuche mit Hilfe deiner Gedankenkraft die beiden Atem-Ströme, den abgebenden und den annehmenden, in etwa gleich stark auszubalancieren. Tu das etwa zehn Atemzüge lang.

Dann führst du deine Handflächen wie im Namaste-Gruß* vor der Brust zusammen. Erspüre dabei im Raum deines Herzens deinen Wunsch, dein Ziel, deine Absicht für die bevorstehende SOURCE. Nun hebe die gefalteten Hände vor die Stirn, vor dein drittes Auge und stelle dir bildlich vor, wie dir diese SOURCE auf leichte, spielerische Weise tiefe neue Erkenntnisse schenken wird.

Dann, mit dem nächsten Atemzug öffne die Hände und wirf sie mit Schwung in die Luft! Übergib so dein Ziel »nach oben«. Anschließend breitest du die Hände rechts und links vom Körper aus. Mit nach oben geöffneten Handflächen fängst du den Ziel-Segen wieder ein, der nun von oben transformiert herunterregnet. Zum Abschluss legst du kurz beide Hände flach auf den Boden, damit dein Wunsch sich irdisch materialisiert.

* »Namaste ist in Indien, aber auch einigen weiteren Ländern Asiens, eine unter Hindus allgegenwärtige Grußformel sowie Grußgeste, die Ehrerbietung für einen anderen Menschen (…) ausdrückt. (…) Als übliche Geste werden dabei die Innenhandflächen zusammengeführt, in Nähe des Herzens an die Brust gelegt und der Kopf leicht gebeugt.« (Quelle: de.wikipedia.org/wiki/Namaste, Abruf: 12.1.2015)

Modifikationen und Erweiterungen der SOURCE-Methode

Eine Frau, mit der ich die SOURCE durchführte, zog die Player-Steine mit geschlossenen Augen, weil sie so die Energie der Steine besser spüren konnte. Anschließend bat sie mich, ohne ihr Wissen die Zuordnung ihrer (vorher notierten) Player zu den Steinen zu übernehmen. Damit wollte sie sicherstellen, dass ihr der Verstand während der SOURCE nicht in die Quere kam. Sie hat dann (mit mir zusammen) den ganzen SOURCE-Prozess gemacht, ohne zu wissen, was welcher Stein bedeutet. Auch während der Verschiebung der Steine hin zur Ziel-Konstellation war das so. Die inhaltliche Bedeutung der Steine hat sie sich erst ganz zum Schluss, als die Ziel-Konstellation schon fertig war, angeschaut.

Du kannst, sofern du den geschützten Raum dafür hast, deine Ziel-Konstellation ein paar Tage lang liegen lassen und sie so auf dich und deinen Raum und deine Lebens-Situation wirken lassen.

Du kannst die Konstellationen statt auf einem Tuch auch auf einem farbigen DIN A3-Papier werfen. Das hat den Vorteil, dass du auf dem Papier die inhaltliche Bedeutung der Steine direkt zu den einzelnen Steinen notieren kannst. Ich würde dabei jedoch unbedingt empfehlen, das SOURCE-Foto immer zuerst einmal unbeschriftet und danach noch einmal mit den Beschriftungen zu machen. So bleibt die pure Klarheit der Konstellationen für die Arbeit mit den Fotos erhalten.

Auf die SOURCE-Konstellationsfotos kannst du mit einem Permanentmarker die jeweilige Bedeutung zu den Steinen schreiben. Entweder du notierst dort deren inhaltliche Bedeutung oder nur ihre Nummern, die sich dann aus der Playerliste erklären.

Wenn du mit bunten Steinen arbeitest, könntest du zusätzlich auch die Bedeutung der Farben für die Interpretation nutzen. Beispielsweise wird Rosa meist mit Liebe gleichgesetzt, Rot mit Aktivität, Schwung oder Wut, Grün mit Wachstum oder Neuanfang und so weiter. Bleibe hier bei dem, was die Farben für dich persönlich bedeuten.

Auch die Form der Steine kann manchmal von Bedeutung sein. Ich habe bei einer eigenen SOURCE mit ganz normalen Kieselsteinen erst ganz am Ende plötzlich gesehen, dass der Stein, der in der Ziel-Konstellation im Zentrum lag, eine Herzform hatte.

Sofern du dich mit Steinen auskennst, könntest du ergänzend auch die Bedeutung oder Wirkung bestimmter Steine, wie die eines Rosenquarzes oder eines Tigerauges, mit einfließen lassen und deuten.

Der Zielsatz, die Zielaffirmation lässt sich auch in Form eines Haikus verdichten. Ein Haiku ist eine japanische Gedichtform, die komplexe Zusammenhänge auf prägnante und gleichzeitig sehr ästhetische Art auf den Punkt bringt. Ein Haiku besteht aus drei kurzen Zeilen, wobei die erste Zeile fünf, die zweite sieben und die dritte Zeile wieder fünf Silben hat (kurz: 5-7-5).

Ein Beispiel:

Die SOURCE-Weisheiten (5 Silben)
kamen von allein, geschenkt. (7 Silben)
Wollen nun zu dir. (5 Silben)

In der SOURCE einer Freundin, die damit ihre Scheidung bearbeitete, wurde bald deutlich, dass sie vor lauter Sorge um die anderen Familienmitglieder sich selber völlig außer acht gelassen hatte. Ihr Haiku zur Ziel-Konstellation, wo sie selber als kleiner, glitzernder Bergkristall strahlend und lichtvoll in der Mitte lag, war:

Ich stelle mich jetzt
in den Mittelpunkt des Spiels.
Ist für alle gut.

Wenn deine SOURCE-Steine normale, nicht so leicht unterscheidbare Kieselsteine sind, kannst du sie mit Nummern beschriften. Damit hast du dann gleichzeitig noch eine andere Möglichkeit der Player-Zuordnung. Diese ist beispielsweise empfehlenswert, wenn Menschen sich mit der Zuordnung, dem Erspüren, welcher Stein für welchen Aspekt zu wählen ist, schwertun. Dann kann man die Zuordnung der Player insofern dem Zufall überlassen, als man in einer leeren, durchnummerierten Playerliste einfach nach und nach die an der Situation beteiligten Kräfte einträgt, so wie sie einem in den Kopf kommen, zum Beispiel:

Nr.	Liste der beteiligten Player
1	Neue, berufliche Aufgabe
2	Selbstzweifel: »Ich kann das nicht!«
3	Keine Zeit für Einarbeitung
4	Disziplin und Ausdauer
5	Der Teamleiter
6	...
7	
8	

Damit hat man dann sofort automatisch auch eine eindeutige Zuordnung zu den bereits vorher beschrifteten Steinen.

Du kannst auch größere (Kiesel-)Steine benutzen, Pingpongball groß oder größer, aber natürlich noch so, dass man sie leicht werfen kann. Damit wird dann die Stein-Konstellation insgesamt größer. Der Vorteil besteht dabei darin, dass du dich dann sogar in die Konstellation hineinstellen kannst, um die Energie zu spüren und auf dich wirken zu lassen.

Man könnte die Position der Player in einer Konstellation auch unter folgendem Gesichtspunkt interpretieren: Die linke Hälfte eines Bildes steht bei uns im Westen traditionell für die Vergangenheit, die rechte eher für die Zukunft. So wie wir lesen, von links nach rechts, so ist unsere Vorwärtsrichtung. Im arabischen Sprachraum könnte es deshalb eventuell genau umgekehrt sein. Weiter repräsentiert die untere Bildhälfte das Unbewusste, die obere Bildhälfte das Bewusste:

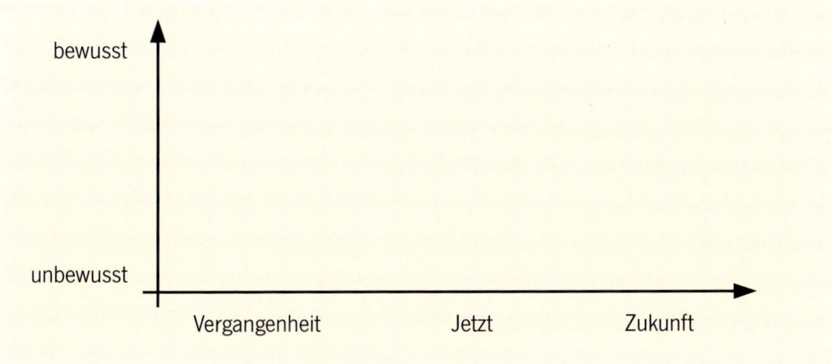

Abb. 30: Interpretation der Bild-Richtungen

Du kannst ein Glas Wasser auf das Foto deiner Ziel-Konstellation stellen, damit es die Energie und die Information aufnimmt. Das kannst du dann schluckweise über den ganzen Tag verteilt trinken. Es ist auch möglich, unarzneiliche Globuli* mit der SOURCE-Information aufzuladen. Das Wissen darüber, wie das funktioniert, findest du beispielweise in Büchern übers Pendeln oder auch in Büchern über die sogenannte »neue Homöopathie« nach Erich Körbler.

Du könntest dir im Copyshop das Foto der Ziel-Konstellation auf ein T-Shirt drucken lassen und es als Nachthemd tragen. Du kannst das Foto auf eine Tasse drucken lassen, die du an deinem Arbeitsplatz benutzt. So würdest du in jeder Arbeitspause an das SOURCE-Ergebnis und dein Ziel erinnert. Deiner Fantasie sind bei der Anwendung der Konstellations-Fotos keine Grenzen gesetzt.

Eine SOURCE geht auch zu zweit (oder mit mehreren): Ein Ehepaar hat gemeinsam eine SOURCE gelegt. Zunächst haben beide zusammen die Playerliste festgelegt und die Steine den Playern zugeordnet. Einer von beiden hat dann (für beide stellvertretend) die Steine geworfen. Beim Verschieben der Steine haben die beiden wieder zusammengearbeitet. Anschließend haben beide (allerdings dabei jeder für sich alleine) mit den Fotos gearbeitet.

* Das sind Globuli ohne Information, die bekommst du in der Apotheke.

Nachwort

Ich danke dir, dass du dieses Buch gelesen hast und dass ich so dieses wunder-volle Geschenk mit dir teilen durfte. Ich hoffe so sehr, dass du mittlerweile schon selber ge-SOURCE-t und eigene Erfahrungen gesammelt hast und deshalb nun die Begeisterung für diese mystische Stein-Orakel- und Konstellationsmethode mit mir teilst!

Ich wünsche dir von ganzem Herzen, dass dieses fantastische Werkzeug dir dabei hilft, heiler, glücklicher, stärker und strahlender zu werden – und all das mit Hilfe der SOURCE schneller und müheloser als jemals zuvor.

Bitte folge deinem Herzen, gehe deinen Weg, folge der Führung deiner Seele. Und folge den SOURCE-Steinen beziehungsweise den wertvollen Hinweisen und einzigartigen Antworten aus der Quelle.

Abb. 31: Bellrock auf halber Höhe

Liste der beteiligten Player: Kopiervorlage 1

Stein Nr. oder Name des Schmucksteins	Player-Rolle

Liste der beteiligten Player: Kopiervorlage 2 mit doppelter Nummernspalte

Hier kannst du die erste Zahlenreihe abschneiden, um die einzelnen Nummern neben die entsprechenden Steine zu legen, während du mit der Konstellation arbeitest. Das hilft bei der Orientierung, welcher Stein welchen Player repräsentiert.

Nr. des Steins		Name des Edelsteins	Player-Rolle
1	1		
2	2		
3	3		
4	4		
5	5		
6	6		
7	7		
8	8		
9	9		
10	10		
11	11		
12	12		

Anregungen für Player

Aus der Herkunftsfamilie:

- ❑ Mutter
- ❑ Vater
- ❑ Großmutter
- ❑ Großvater
- ❑ Bruder
- ❑ Schwester
- ❑ ____________________
- ❑ ____________________
- ❑ ____________________

Aus eigener Familie:

- ❑ Ehefrau/Ex-Ehefrau
- ❑ Ehemann/Ex-Ehemann
- ❑ Lebenspartner(in)
- ❑ Tochter/Sohn
- ❑ Enkeltochter/-sohn
- ❑ Schwiegermutter/-vater
- ❑ ____________________
- ❑ ____________________

Aus der Arbeitsumgebung:

- ❑ Chef Vorgesetze(r)
- ❑ Kollege/Kollegin
- ❑ Mein(e) Arbeitnehmer(in), Assistent(in) o.ä.
- ❑ Kunde
- ❑ ____________________
- ❑ ____________________

Archetypen, Märchengestalten, Fabelwesen:

- ❑ Drache
- ❑ Einhorn
- ❑ Gute Fee
- ❑ Zauberer (wie Merlin oder Harry Potter)
- ❑ der Tod
- ❑ der Kämpfer
- ❑ der/die alte Weise

- ☐ der Held/die Heldin
- ☐ Herkules
- ☐ Aphrodite
- ☐ Elfe
- ☐ ______________________
- ☐ ______________________

Aus der Freizeit, der Nachbarschaft, dem Freundeskreis, einer spirituellen Gemeinschaft:

- ☐ Freund(in)
- ☐ Spiritueller Meister
- ☐ Nachbar(in)
- ☐ Vereinsmitglied
- ☐ ______________________
- ☐ ______________________
- ☐ ______________________
- ☐ ______________________

»Spieler« der Gesundheit:

- ☐ Arzt/ Heilpraktiker
- ☐ meine Krankheit
- ☐ mein Körperteil
- ☐ ein Medikament
- ☐ ein Verhalten
- ☐ Therapie
- ☐ Operation
- ☐ meine Selbstheilungs- und Genesungskräfte
- ☐ Heiler
- ☐ ______________________
- ☐ ______________________
- ☐ ______________________

»Spieler« der Psyche:

- ☐ meine Angst
- ☐ Inneres Kind
- ☐ Innerer Kritiker
- ☐ meine Trauer
- ☐ der innere Schweinehund oder Aufschieberitis
- ☐ Einsamkeit
- ☐ Selbstsabotage
- ☐ Selbstvertrauen

- [ ] Lebensvision
- [ ] Wunsch/Sehnsucht
- [ ] Mut
- [ ] meine Kreativität
- [ ] meine Eifersucht
- [ ] die/der angepasste Brave
- [ ] der Rebell
- [ ] meine Kraft/Stärke
- [ ] ______________________
- [ ] ______________________
- [ ] ______________________
- [ ] ______________________

Aus dem Energie-System:

- [ ] ein bestimmtes Chakra
- [ ] die Aura
- [ ] ______________________

Geistige Wesen, Tiere, Kraftplätze, Meister:

- [ ] Hund, Pferd, Katze usw.
- [ ] Kraft-Tier/Spirit-Guide
- [ ] Engel
- [ ] Meister
- [ ] Jesus/Dalai Lama
- [ ] Gott/Great Spirit
- [ ] Mein Vorbild
- [ ] ein Kristall oder Berg
- [ ] das Meer
- [ ] Lieblingsplatz in der Natur
- [ ] Ahnen oder Vorfahren
- [ ] ______________________
- [ ] ______________________
- [ ] ______________________
- [ ] ______________________

Gruppen von Menschen:

- [ ] Kundschaft
- [ ] Familie
- [ ] Nachbarschaft
- [ ] Kollegenkreis
- [ ] Management/ Geschäftsführung
- [ ] Schulklasse
- [ ] ______________________
- [ ] ______________________

Neue Ressourcen für die Ziel-Konstellation:

- [ ] ein bestimmtes Buch
- [ ] ein bestimmtes Lied
- [ ] eine Farbe
- [ ] ein Geruch
- [ ] eine bestimmte Tarot-Karte
- [ ] ein Element (Wasser/Erde/ Feuer/Luft)
- [ ] eine Bachblüte
- [ ] ein Joker
- [ ] jemand, der berät/ dich verteidigt
- [ ] ______________________
- [ ] ______________________

Alles ist hier denkbar:
Erlaube dir, kreativ zu sein.

Fragen, die helfen können, Ressourcen für die Ziel-Konstellation zu finden:

- Welchen Menschen (egal, ob er lebt oder schon verstorben ist) würdest du dir gerne zu Hilfe holen in dieser Situation?
- Kennst du irgendjemanden, der in so einer Situation sicher guten Rat wüsste und deshalb eine Unterstützung für dich sein könnte? Dabei ist es unwesentlich, ob du ihn oder sie persönlich kennst oder nicht. Auch Roman- oder Comic-Helden sind hier denkbar.
- Gibt es unter deinen Vorfahren jemanden, der dich hier unterstützen könnte?
- Gibt es einen Lieblingslehrer, einen Meister oder irgendeine Berühmtheit (selbst wenn du sie noch nie persönlich getroffen hast), der oder die dir hier helfen könnte?
- Wen würdest du mitten in der Nacht anrufen, wenn es dir plötzlich sehr schlecht ginge?
- Was könntest du tun oder was benutzen, um deine Schmerzen, Trauer, Angst, Eifersucht o.ä. zu lindern?
- Wen hättest du gerne bei dir, wenn du einen Erfolg oder Sieg erzählen oder feiern möchtest?
- Wer (oder was) inspiriert oder unterstützt deine größten Lebensträume und/ oder Herzenswünsche?
- Welches Tier oder welcher Platz in der Natur besitzt genau die Energie, Kraft oder Fähigkeit, die du hier gebrauchen könntest?

Über die Autorin

Kira Klenke ist Mathematikerin und war mehr als zwanzig Jahre Professorin für Statistik. Sie ist dafür bekannt, dass bei ihr auch Menschen Statistik gelernt haben (erfolgreich und sogar mit Freude), die das vorher für völlig unmöglich gehalten hatten. So entwickelte sich aus ihrer Lehrtätigkeit an der Hochschule eine zweite Berufung als Coach.

Ihr Anliegen ist es heute, Menschen dabei zu helfen, alte, überholte Lebensmuster abzulegen und ihr volles Potenzial zu entfalten. Eine Zertifizierung als NLP-Lehrtrainerin und Ausbildungen im spirituellen Bereich ermöglichen es ihr, dabei ganzheitlich zu arbeiten.

Schon als Kind suchte sie nach dem tieferen Sinn des Lebens. Seit 1984 beschäftigt sie sich mit Kreativem Schreiben, Energiearbeit und Schamanismus. Sie hat Kraftplätze überall auf der Welt besucht und ist dort Kräften begegnet, die zum Kern aller Dinge, zur Quelle führen.

Weitere Titel bei Neue Erde:

Jeder Mensch hat eine Bestimmung, das ist der Pfad seiner Seele. Wenn wir zu sehr davon abweichen, wird das Leben mühsam und schwierig. Mit diesem kleinen Übungsbuch finden wir zurück auf unseren Weg, den ureigenen Pfad der Seele.

Kira Klenke hat mit dem SOULPATH-Training eine außergewöhnliche praktische Methode entwickelt, mit der wir intuitiv in uns selbst erspüren können, was nötig ist, damit wir jeden Morgen voller Vorfreude auf den Tag aufstehen.

Kira Klenke
Finde deinen Seelenpfad
Das SOULPATH-Training
Paperback, 144 Seiten
ISBN 978-3-89060-726-9

In diesem Buch nimmt Kira Klenke uns mit auf eine innere und äußere Reise. Schritt für Schritt, leicht umsetzbar und spielerisch lernen wir fünfzehn kraftvolle Lichtwerkzeuge kennen, die uns das Tor zu Magie und Heilkräften öffnen. Indem wir in unserer Vorstellung an Kraftorte reisen, erschließen wir uns ihre spezifischen magischen Kräfte.

Kira Klenke
Die Lichtwerkzeuge von Avalon
Durch innere Reisen an Kraftorte Heilung finden
Klappenbroschur, 96 Seiten
ISBN 978-3-89060-770-2

Mit diesem Buch und der beiliegenden CD kann jeder auf sehr einfache Art und Weise für bessere Gesundheit und Wohlbefinden sorgen. Die Methode verbindet die Arbeit mit den Geisteskräften nach Catherine Ponder mit der Quantenheilung und ist so klar und einfach, dass sie jeder für sich selbst anwenden oder auch mit anderen Heilmethoden kombinieren kann. Mit diesem Buch und der CD können Sie einfach anfangen, jetzt und sofort.

Ute-Lisa Schumacher und Ilona Wegener

Das Licht in deinen Händen

Quantenheilung der zwölf Geisteskräfte

Paperback, 160 Seiten, mit CD, ca. 70 Min.

ISBN 978-3-89060-661-3

»Spirituell« leitet sich ab von »spirare«, atmen. Bei der Spirituellen Ökologie geht es darum, nicht nur zu wissen, sondern leiblich zu erfahren, dass wir als Menschen den einen großen Atem der Natur mit allen Lebewesen auf dieser Erde teilen. Was einem Teil des Gefüges zustößt, betrifft das Ganze, uns alle!

Diese brandaktuelle Sammlung von Essays, geschrieben von Leitfiguren der Spiritualität und des Umweltschutzes rund um die Welt, beleuchtet den grundlegenden Zusammenhang unserer gegenwärtigen ökologischen Krise mit unserem fehlenden Bewusstsein für die Heiligkeit der Schöpfung. Diese 20 Beiträge zeigen uns, wie die Menschheit ihre Beziehung zur Erde wandeln und erneuern kann.

Llewellyn Vaughan-Lee (Hrsg.)

Spirituelle Ökologie

Der Ruf der Erde

Paperback, 256 Seiten

ISBN 978-3-89060-654-5

Wahre Schamanen sind nicht in erste Linie Heiler von Menschen. Vielmehr wirken sie heilend auf das ganze Gewebe von menschlicher und nichtmenschlicher Welt ein. Schamane sein heißt, in das Ganze der Landschaftsseele eingebunden und im Austausch mit ihren Seelenwesen zu sein. Der einzelne Mensch wie die Gesamtheit der Menschen kann erst wieder gesunden, wenn sie sich wieder einfügen in die wechselseitige Bezogenheit alles Beseelten, einschließlich Stein und Berg.

Waltraud Hönes hat über zehn Jahre bei dem Inka-Schamanen Don Oscar Miro-Quesada gelernt. Vor zwölf Jahren begann ihre schamanische Beziehung mit der Landschaft von Fanes in den Dolomiten und dem großartigen, ihr innewohnenden Mythos. Seitdem arbeitet sie hier mit den mythischen Landschaftswesen. Sie errichtet Schreine aus Stein (Apachetas), an denen die mythischen Gestalten, die heiligen Berge und Mutter Erde geehrt und mit Gaben wie etwa Maismehl und Blüten genährt werden.

Waltraud Hönes

Seele der Landschaft – Landschaft der Seele

Eine Wiederbegegnung von Mensch, Mythos und Natur

Der schamanische Weg von Wayna Fanes

Hardcover, 128 Seiten, 14 Farbtafeln

ISBN 978-3-89060-625-5

Zurückgezogen in der Stille hoher Berge leben die Nachfahren eines einst blühenden Volksstammes, die Kogi-Indianer in der Sierra von Kolumbien. Éric Julien schenkten sie ihr Vertrauen – und ihr unschätzbar tiefes Wissen um ein Leben im Einklang mit der Natur und ihren geistigen Kräften.

Éric Julien

Der Weg der neun Welten

Die Kogi-Indianer und ihr Urwissen vom

Leben im Einklang mit Himmel und Erde

Paperback, 320 Seiten, 32 Farbtafeln

ISBN 978-3-89060-322-3

Es gibt zwei Arten von Engeln: solche mit Flügeln und solche mit Blättern. Der jahrtausende alte Weg, Rat zu finden oder der Natur Danke zu sagen, führt in den heiligen Hain. Da heilige Haine jedoch selten geworden sind und selbst ehrwürdige einzelne Bäume in friedvoller Umgebung nicht immer leicht zu finden sind, wenn wir sie bräuchten, bieten wir hiermit ein Baumorakel an, das uns den Engeln der Bäume wieder näher bringen kann.

Fred Hageneder, Anne Heng

Das Baum-Engel-Orakel

Paperback, 112 Seiten,

36 farbige Karten 9,5 x 13,3 cm

ISBN 978-3-89060-764-1

Von der Psychotherapie kommend und aus der Begegnung mit dem indianischen Totempfahl entwickelte Stephen Gallegos in den 1980-er Jahren den »Persönlichen Totempfahl-Prozess«. In der inneren Schau oder »Visualisierung« begegnen wir dabei in unseren Chakren bestimmten Tieren, die uns helfen, seelische Traumata zu heilen und das innere Wachstum auf einfache und wirkungsvolle Weise voranzubringen.

Eligio Stephen Gallegos

Indianisches Chakra-Heilen

Der Persönliche Totempfahl-Prozess

Paperback, ca. 192 Seiten

ISBN 978-3-89060-633-0

NEUE ERDE im Buchhandel

Neue Erde ist ein kleiner unabhängiger Verlag, und der unabhängige Buchhandel ist unser natürlicher Partner. Wir unterstützen die Initiative »buy local«.

Sollte es Lieferschwierigkeiten bei den Büchern von NEUE ERDE geben, lassen Sie immer im VLB (Verzeichnis lieferbarer Bücher) nachsehen, im Internet unter **www.buchhandel.de**

Alle lieferbaren Titel des Verlags sind für den Buchhandel verfügbar.

Auch mobil können Sie, zum Beispiel mit LChoice, unsere Bücher beim örtlichen Buchhändler kaufen.

Sie finden unsere Bücher auch auf unserer Homepage **www.neue-erde.de** oder in unserem Gesamtverzeichnis, welches Sie gerne hier anfordern können:

NEUE ERDE GmbH
Cecilienstr. 29 · 66111 Saarbrücken
info@neue-erde.de

NEUE ERDE